反倾销中国际公允价值
确定的新视角

罗观树　著

中国商务出版社

图书在版编目（CIP）数据

反倾销中国际公允价值确定的新视角／罗观树著
. —北京：中国商务出版社，2018.2（2018.10重印）
ISBN 978-7-5103-2302-7

Ⅰ.①反… Ⅱ.①罗… Ⅲ.①反倾销—研究 Ⅳ.
①F115

中国版本图书馆 CIP 数据核字（2018）第 028069 号

反倾销中国际公允价值确定的新视角
**FANQINGXIAO ZHONG GUOJI GONGYUN JIAZHI QUEDING DE
XINSHIJIAO**

罗观树 著

出　　　版：中国商务出版社
地　　　址：北京市东城区安定门外大街东后巷 28 号　　邮　　编：100710
责任部门：国际经济与贸易事业部（010-64269744　bjys@cctpress.com）
责任编辑：闫红广

总 发 行：中国商务出版社发行部（010-64266119　64515150）
网　　　址：http://www.cctpress.com
邮　　　箱：cctp@cctpress.com

印　　　刷：北京建宏印刷有限公司
开　　　本：787 毫米×980 毫米　1/16
印　　　张：13.25　　　　　　　字　　数：210 千字
版　　　次：2018 年 2 月第 1 版　　印　　次：2018 年 10 月第 2 次印刷
书　　　号：ISBN 978-7-5103-2302-7
定　　　价：58.00 元

序

　　自古以来，人类最基本的伦理规则之一就是公平。儒学祖师孔子说，"吾不患寡而患不均"。《管子·形势解》："天公平而无私，故美恶莫不覆；地公平而无私，故小大莫不载。"北宋王小波、李顺起义提出的主要口号就是"均贫富"。在法律上，公平也是法所追求的基本价值之一。在经济学上，公平指收入分配的相对平等、权责的对等、竞争的自由等，并与效率成为规范经济学的两个基本维度之一。

　　但现在世界上一件最不公平的事情正在发生。近日美国贸易代表办公室致函 WTO，公开提出美政府反对在反倾销调查中给予中国"市场经济地位"待遇。此前，欧盟也提出了类似的书面意见。事件的核心是 2016 年12 月 11 日后，美欧是否有权再依据《中国加入议定书》第 15 条对中国在反倾销调查中继续使用"替代国"做法。

　　众所周知，在长达 15 年的中国复关及入世的谈判中，鉴于一些国家对中国的市场经济地位表示怀疑的现状。中国在最终签署的入世议定书中，接受了一些限制性的条款，其中第 15 条规定："如接受调查的生产者不能明确证明生产该同类产品的产业在制造、生产和销售该产品方面具备市场经济条件，则该世贸组织进口成员可使用不依据与中国国内价格或成本进行严格比较的方法。"这也就是说，中国 15 年内不自动具有市场经济地位，但这一条款已于 2016 年 12 月 11 日失效，所有世贸成员均应在该日期之后，在对华反倾销调查和裁决中弃用"替代国"做法。然而美欧两大经济体罔顾 WTO 规则，一再将弃用"替代国"问题与"市场经济地位"问题搅在一起，企图混淆视听，而所谓"非市场经济国家"的概念并不存在于世贸组织的多边规则中，只是个别成员冷战时期的国内产物。

尽管如此，加入世界贸易组织这些年来，中国一方面不断完善社会主义市场经济体制，让市场在资源配置中发挥越来越大的作用，另一方面也在一直与相关国家进行完全承认中国市场经济地位的谈判，并得到了国际社会的广泛认可。2004年4月14日，新西兰率先承认中国的完全市场经济地位，这表明作为西方发达国家的新西兰对中国改革开放的巨大成就给以客观承认。截至目前，在WTO156个成员中，已有97个成员承认中国市场经济地位，不承认的主要是欧美日本以及印度等国。

罗观树同志学成于我校会计学专业，长期在基层从事经贸工作，并致力于公允价值、公平竞争等方面的研究。近日他来到学校，嘱我为序，我粗翻书稿后认为，作者提出的反倾销中的"正常价值"其实就是会计学中的公允价值在反倾销中的运用，这是一个大的创见。而且作者从公允价值认定基本原则入手，对国际经贸中反倾销、反补贴、反规避及转移定价、投融资活动中出资比例认定、知识产权认定等多方面进行了比较深入的研究，具有新颖、通俗、注重理论联系实际和系统性等特点，不失为一部好的著作。

其实，公允价值、正常价值都是基于伦理学中公平观所提出来的。公允价值（Fair Value）亦称公允市价、公允价格。熟悉市场情况的买卖双方在公平交易的条件下和自愿的情况下所确定的价格，或无关联的双方在公平交易的条件下一项资产可以被买卖或者一项负债可以被清偿的成交价格。正常价值（Normal Value）则是反倾销法中一个重要的基本概念，正常价值通常是指在出口国的国内市场上，通过正常的销售过程，独立的消费者为该产品支付的价格。两者在本质上确实是一致的。两者均要求具有众多的市场参与者，并通过市场机制，根据有效市场假设，忠实、公开地表达市场交易中的公平价格。这与我们政府要求美欧取消"替代国"做法，不要滥用"市场经济地位"，按照中国境内生产要素等自发形成价格，确定正常价值的呼吁也是一致的。

当然，限于作者的精力，全书很多内容没有深入下去，读起来感觉还有点浅，但作为一本融会计学知识和国际反倾销实务于一体的著作，本书还是有一定的学术价值的。

兹为序。

刘振林

2018 年元月于江西财经大学蛟桥园

目　录

第一章 导论 ■

在经济全球化的今天，国家之间经济往来日益频繁，如何准确估值是个日益重要的问题。

第一节　国际公允价值的界定

一、公允价值的定义

何谓公允价值？

在不同的时期对公允价值的定义是不同的。从历史发展角度看，关于公允价值的定义，可以被划分为两个阶段，第一个阶段发生在 20 世纪 90 年代以前，第二个阶段则是在 20 世纪 90 年代以后。

（一）第一阶段

较早关于公允价值的定义见诸于艾利克·L. 柯勒 1952 年编著的《会计辞典》，其对公允价值的解释为："公平合理之价值。"美国会计原则委员会（APB）在会计原则委员会报告书第 4 辑中，则将"公允价值"定义为"当在包含货币价格的交易中收到资产时所包含的货币金额，（以及）在不包含货币或货币要求权的转让中的交换价格的近似值。"

之后，美国财务会计准则委员会（FASB）在制定公认会计原则时也多次用到"公允价值"这一概念，但由于都是在特定的背景下提出的，因此对公允价值的定义也都伴随着相应的其他相关概念，而没有单独的对公允价值的统一定义。

例如，SFAS13（1976）将租赁资产的公允价值定义为："没有关联的参与者之间的公平交易中租赁资产的销售价格。"

SFAS15（1977）将偿债资产的公允价值定义为："在自愿的买卖双方之间的当前交易而非强制或清算交易中，债务人出售该项资产后预期将收到的金额。"

SFAS35（1980）将投资的公允价值定义为："在自愿的买卖双方之间的当前交易而非强制或清算交易中，出售这项投资后预期将收到的金额。"

SFAS67（1982）将不动产的公允价值定义为："在自愿的买卖双方之间的当前交易而非强制或清算交易中，销售不动产项目所产生的现金及现金等价物的金额。"

可以看出，这时期对公允价值的定义特别强调自愿的买卖双方（a willing buyer and a willing seller）、当前交易（current sale）和预期收到（reasonably expect to receive）三个特征。自愿买卖双方之间这一限制条件一方面是体现公允价值"公平性"的基础和必要条件；另一方面，只提到买卖双方实际上排除了通过假定的第三方来估计资产公允价值的可能性。[①]"当前交易"则体现了公允价值与历史成本在时间维度上的差别。"预期收到"一方面说明这时对公允价值的定义强调的是脱手价格（exit price）而非入账价格（entry price）；另一方面也体现了这段时期对公允价值对象的研究仅限于资产，没有扩展到负债。[②]

20 世纪 80 年代以前，国际会计准则中的公允价值被定义为："在公平交易中，熟悉情况的买方和卖方自愿据以进行资产交换的金额。"

由此可见，国际会计准则委员会（IASC）这时期对公允价值的定义存在着与 FASB 同样的缺陷：（1）仅仅局限于资产，而未将其拓展到负债；（2）只提到买卖双方，从而排除了通过假定的第三方来估计资产公允价值的可能性。

[①] 注意到 SFAS13 对公允价值的定义中使用的是"参与者"，至于为什么在以后准则的定义中又改成"买卖双方"，FASB 各准则并没有给出理由。因此我们也不得而知。

[②] 葛家澍. 公允价值的定义问题——基于美国财务会计准则 157 号《公允价值计量》[J]. 财会学习，2009.

（二）第二阶段

伴随着 1980 年代美国会计界和金融界对金融工具确认、计量和披露问题的深入研究，公允价值的定义也不断得以完善。

FASB（Financial Accounting Standards Board，美国会计准则委员会）于 1991 年发布的 SFAS107《金融工具公允价值的披露》将公允价值定义为"在自愿参与者（willing parties）之间的当前交易（current transaction）而非强制或清算交易中，该金融工具的交易金额。"

从表面上看，这一定义与上述定义似无很大差别，但仔细比较定义中用词的变化就可以更深刻地理解其新的内涵：

（1）从"买卖双方"到"参与者"的回归，前已述及，前者实际上排除了通过假定的第三方来估计资产公允价值的可能性，这体现了公允价值计量技术的缺乏；而这里的"参与者"不但反映了通过假定的第三方来估计公允价值的新的公允价值计量技术，还为负债的公允价值提供了基础和依据，因为一般认为，负债的公允价值应被定义为交换中的公允价值，即企业将不得不在资产负债表到期日支付给接收该负债的第三方的金额。如果还将公允价值定位为"买卖双方"的话，负债公允价值就不可能被理解为"交换中的公允价值"。

（2）该定义还放宽了"出售……理性预期将收到的金额"这一限制，即不再只是站在资产持有者的角度进行考虑，而是从交易的角度出发，既考虑入账价值，还考虑到脱手价值。

（3）"current sale"到"current transaction"的变化，前者侧重的是一种销售交易，而后者则不仅仅局限于此，这就大大扩展了公允价值计量的范围。

（4）该定义虽然是基于金融工具而下的定义，但已经将金融负债纳入了公允价值的定义。FASB 于 1996 年发布的 SFAS125 和 1998 年发布的 SFAS133 进一步完善了公允价值的定义，将公允价值定义为"自愿参与者在当前交易而非强制或清算交易中据以购买（或承担）或销售（或清偿）

资产（或负债）的金额。"

这一定义彻底克服了早期定义中忽略负债公允价值的缺陷，使公允价值计量对象更具全面性和科学性。

总之，自 1990 年代初期以来，有关公允价值的界定是与 FASB 的计量改进方向一致，IASC 也对公允价值的定义做了两个重要的改进，首先是在 IAS16《不动产、厂场和设备》（1993）修订版中以"参与者（party）"替代了原来的买卖双方，即公允价值的定义变为"公平交易中，熟悉情况的参与者自愿据以进行资产交换的金额"；[①] 其次，在 IAS18《收入》（1993）等准则中将负债纳入了公允价值的定义："公允价值是公平交易中，熟悉情况的参与者之间自愿据以进行资产交换和负债清偿的金额。"此后，所有的国际财务报告准则基本上都使用了这一定义，但各准则对公允价值的定义还是反映着各自特定的背景。

（三）我国对公允价值的定义

1997 年中国财政部公布的具体会计准则中首次出现公允价值，[②] 然而随之而来的各种操纵利润的会计造假案例，使人们对公允价值在我国的应用逐渐产生了怀疑。

针对这一情况，2001 年财政部修订会计准则，缩小了公允价值的应用范围。同时在国际间经济贸易交流日益频繁及会计准则国际趋同的大环境下，财政部在 2006 年颁布的《企业会计准则》又进一步扩大了公允价值的应用范围。

在学术界，我国对公允价值的研究也取得了一定成果，较有代表性的主要有：葛家澍（2001）认为公允价值是可以观察到的、由市场价格机制所决定的市场价格；黄世忠（1997）认为公允价值是指市场价值或未来现金流量的现值；卢永华和杨晓军（2000）认为公允价值是指理智的双方在

---

① SC 在随后发布的其他准则修订稿中又将公允价值的定义退回到了 80 年代。如 AS17《租赁》（1994）、IAS20《政府补助会计和政府援助的披露》（1994）和 IAS25《投资》（1994）等。

② 牛成喆，刘彬. 公允价值定义及计量属性综述[J]. 财会通讯（学术版），2007（11）：23-25.

一个开放的、不受干扰的市场中，在平等、相互间没有关联的情况下，自愿交换的价格；饶磊（2001）认为公允价值是指非强迫性交易、清算或拍卖中收到或支出的金额，是基于自愿的交易，交易的金额是公平的、双方一致同意的；劳秦汉（2001）认为公允价值来自于公平交易的市场，是参与市场的理智双方充分考虑市场信息后达成的共识，这种达成共识（一致）的市场价格即为公允价值。

为此，2006年财政部在颁布的新《企业会计准则——基本准则》将公允价值定义为：在公平交易中，熟悉情况的交易双方，自愿进行资产交换或债务清偿的金额。

（四）公允价值的应用范围

新准则规定"企业在对会计要素进行计量时，一般应采用历史成本，"仅在经济环境和市场条件允许的情况下，对特定资产或交易采用公允价值，如金融工具、投资性房地产、非共同控制下的企业合并、债务重组和非货币性交易等。[①] 但在经济环境和市场条件还不具备的情况下新准则仍然采用历史成本计量模式，历史成本计量模式在新准则中的应用依然广泛，如固定资产、石油天然气开采的计量等均没有采用公允价值，历史成本计量属性在我国会计计量中居于主导地位，我国是在坚持以历史成本计量为基础的前提下，引入公允价值，公允价值的非主导性在具体准则中得到了体现，几乎所有运用公允价值计量属性的具体准则都规定要以成本进行计量，在满足一定的条件时才可以对公允价值进行计量。而公允价值在国际财务报告准则中是与历史成本计量并列的新的计量模式。

大体讲，在我国公允价值的应用经历了一个提出、回避又适度引入的过程。2001年以前，我国曾在《企业会计准则——债务重组》、《企业会计准则——投资》、《企业会计准则——非货币性交易》中，明确提出了公允价值计量。然而，由于部分上市公司滥用公允价值操纵利润，2001年1月

---

① 樊园园. 我国会计准则与国际会计准则公允价值运用的比较[J]. 价值工程，2008（5）：45.

财政部发布和修订了八项准则，取消公允价值在债务重组、非货币性交易、投资三项准则中的应用，而改按历史成本入账。加入WTO后，随着中国经济融入世界经济进程的加快，这就必然要求我国的会计制度和会计准则与国际接轨。而在一些西方发达国家，公允价值已得到较为普遍的运用，同时，国内资本市场逐渐发展，新的会计业务不断涌现，对于金融工具、投资性房地产、债务重组、资产减值、租赁和套期保值等会计核算对象来说，用公允价值进行计量显然比历史成本计量更具相关性，更能体现企业现在的价值。

二、国际公允价值

（一）国际公允价值的定义

国际上对公允价值的定义主要集中在国际会计准则委员会（IASC）发布的一系列准则中。在已经发布的准则中，对公允价值进行了定义的准则分别是：IAS16《不动产、厂房和设备》（1998年修订）、IAS17《租赁会计》（1997年修订）、IAS18《收入》（1993年修订）、IAS20《政府补助会计和政府援助的揭示》（1994年重编）、IAS21《外汇汇率变动的影响》（1993年修订）、IAS22《企业合并》（1998年修订）、IAS25《投资会计》（1994年重编）、IAS32《金融工具：揭示和呈报》（1996年颁布）、IAS33《每股收益》（1997年颁布）、ISA38《无形资产》（1998年颁布）、《金融资产和金融负债会计》（1997年颁布）、ISA39《金融工具：确认和计量》（2003年修订）等12个。[①]

1996年，IASC在IAS32《金融工具：披露和列报》中指出：公允价值是指在公平交易中，熟悉情况的当事人自愿据以进行资产交换或负债清偿的金额。

1997年，IASC在一份名为《金融资产和金融负债会计》的研究报告中指出，所有金融工具均采用公允价值计量，也即用现值技术计量未来现

---

① 牛成喆，刘彬. 公允价值定义及计量属性综述[J]. 财会通讯（学术版），2007（11）：23-25.

金流量的现值作为公允价值。

2003 年 IASC 新修订的国际会计准则第 39 号《金融工具：确认与计量》等一系列准则中对公允价值做出了如下的定义：公允价值，是指在公平交易中，熟悉情况的当事人自愿据以进行资产交换或负债清偿的金额。

国际会计准则理事会（IASB）其他成员对公允价值定义与之基本相同。例如，《加拿大特许会计师协会手册：会计建议第 3680 章——金融工具：披露与列报》对公允价值的定义为：熟悉情况的买卖双方在自愿的，没有受到强制的情况下，在公平交易中商定的对价的金额。又如，《英国财务准则第 7 号——购买会计中的公允价值》对公允价值的定义为：熟悉情况的，自愿的双方在公平交易而不是强迫或清算拍卖交易中，交换一项资产或一项负债所使用的金额。

（二）JWG 和 FASB 对国际公允价值概念的深入研究

在金融工具准则制定机构联合工作组（JWG，2000）发布的《金融工具与类似项目：准则草案与结论基础》中，公允价值被定义为"在计量日，由正常的商业考虑推动的，按照公平交易出售一项资产时企业应收到的或解除一项负债时企业应付出的价格的估计。"

这个定义最显著的特点是凸显脱手价格（exit price）估计这一概念。其次，相对于以前国际会计准则中的定义而言，该定义更明确地考虑了计量属性的时态观，即明确提出了"计量日"这一限定条件。最后，该定义中"由正常的商业考虑推动的"、"公平交易"与 FASB 以前定义中"熟悉情况、没有关联的自愿参与者之间的当前交易"两者之间的不同表述，后者显然是前者的具体化，即 FASB 的定义中隐含着满足定义中所限定的几个条件的交易便是"公平交易"，而 JWG 则直接用"由正常的商业考虑推动的"、"公平交易"来进行限定，从会计准则制定的"规则观"与"原则观"来说，前者的表述优于后者，但 JWG 的准则征求意见稿的应用指南和结论基础中均没有对这两种表述给出相应的解释和判断指南，因而增加了会计人员判断的难度。

FASB 则在制定《公允价值计量》准则过程中，系统地研究了国际公允价值的概念内涵，并最终将公允价值定义为"国际市场参与者在计量日的有序交易中，从资产中收到或因负债转移而支付的价格。"

这一简短的公允价值定义却有着深刻的内涵：首先，明确了公允价值的"脱手价格"本质，即公允价值计量的目标是，确定在计量日从资产销售中收到的或因负债转移而支付的价格，而不是为取得资产而支付或因承担负债而收到的入账价格；其次，"有序"一词说明形成公允价值的交易不是强制交易，且在计量日之前的一段时间市场就已公开，从而使得市场活动对于被计量资产或负债有关的交易而言是惯例性的和经常发生的；再次，交易主体应该是"市场参与者"，而且，这些市场参与者独立于报告主体（没有关联）、相互了解、有能力并自愿进行交易；最后，由于资产或负债可能在不同的市场进行交易，因此，在计量公允价值时需要对资产或负债的交易市场进行选择（即参考市场的选择）。①

三、马克思国际价值论对公允价值的界定

要对国际公允价值进行科学而深入的分析，当然离不开马克思主义的国际价值论。因为商品在国际市场上进行交换，必然要按照国际社会平均劳动时间（即世界劳动的平均单位）作为交换的基础和尺度，而一件商品类所包含的国际社会平均劳动时间就是这件商品的国际价值。这就离不开如何科学计量国际社会必要劳动时间的问题了，也即国际公允价值。

（一）马克思国际价值理论

马克思国际价值理论包括的内容主要有：（1）任何商品都具有国内价值和国际价值的二重性；（2）由于商品具有二重性，每一种商品都不同程度地存在比较差异；（3）任何国家都能通过比较差异获得自由贸易利益。（4）国际价值理论是从价值形态的角度论述了一国发展对外贸易的必

---

① 胡振国. 公允价值定义的历史演变与规律[J]. 求索，2009（11）：83-84.

要性。

商品的国际价值是国民价值合乎逻辑的发展形态。商品的国际价值是在国别价值的基础上形成的。资本主义机器大工业的建立，资本主义生产方式的最终确立，使社会分工发展为国际分工，市场发展为世界市场，货币发展为世界货币，商品交换成为世界性交换，社会劳动变成国际性的劳动，国民价值也就自然而然地演变成国际价值。从价值实体的角度来分析，国际价值仍然是劳动，是凝结在商品中的抽象劳动。如果说商品的国内价值体现国内生产者群体之间的一定的生产关系，那么商品的国际价值则体现了不同国家生产群体之间的生产关系。商品的国际价值的形成是国民劳动和国际劳动的矛盾的产物。在国际分工的条件下，一国的工人在资本家的雇佣下进行生产，他们的劳动不仅是国民劳动，又是国际劳动。不同国家的商品进行交换，互不相同的社会必要劳动时间是以个别劳动时间的身份出现在世界市场上的，而在世界市场上考虑产品的劳动耗费时，它的计量单位是世界劳动的平均单位。国民劳动要表现为国际劳动，只能采取等量劳动交换的方式，因此，不同程度的复杂劳动将简化为同样复杂的劳动，国内的社会必要劳动转化为国际必要劳动。

商品的国别（国民）价值和国际价值一样，都是由抽象的社会劳动所决定的，作为一般人类劳动的结晶，两者在本质上是相同的。但是在量的规定性上两者又有着原则的区别，商品的国别价值是商品在一国范围内的社会价值，国别价值量取决于生产商品所耗费的社会必要劳动时间。商品的国际价值是世界范围的人类抽象劳动的凝结，其价值量大小并不取决于各国的社会必要劳动时间，而是决定于"世界劳动的平均单位"。

由此可见，同一种商品在一国的国内市场上和在世界市场上就具有国内价值和国际价值两种不同的价值尺度。一是国内社会的必要劳动时间所决定的国民价值，二是国际社会必要劳动时间所决定的国际价值。商品在国内交换时以国内价值作为衡量的尺度，而在国际交换中则以国际价值作为衡量的尺度。与前述各种组织有关"公允价值"的界定相比，马克思的界定更侧重抓本质，而当前国际公允价值则强调可操作性。例如 FASB 将国际公允价值定义为"国际市场参与者在计量日的有序交易中，从资产中收到或因负债转移而支付的价格。"这就大体类似于马克思主义劳动价值论中价值和价格的关系。而且，马克思主义经典作家还强调商品国际价值形成的机制是竞争条件下的国家之间的商品交换。例如，布哈林曾经指出："世界分工和国际交换是世界市场和世界价格存在的前提。一般地说，价格的水平不相等的地方的或国家的生产取决于生产成本。国家的与地方的价格差距在很大程度上被拉平，形成世界价格。"[①] 虽然布哈林在这里说的是世界价格的形成，但他所提及的机理适合于国际价值形成的分析。

(二) 马克思国际价值论关于价格、价值以及公允价值的关系的认定

价格是一种从属于价值并由价值决定的货币价值形式。价值的变动是价格变动的内在的、支配性的因素，是价格形成的基础。但是，由于商品的价格既是由商品本身的价值决定的，也是货币本身决定的。因此商品价格变动不一定反映价值的变动。在用价值是资产的内在价值，是资产未来经济利益的体现。由于资产价值本质是未来经济利益，因此现值运用就是将资产在未来不同时期可能形成的未来利益折现，从而形成资产现值。

一般情况下，资产价值通过市场价格的形式表现出来，但市场价格不能完全等同资产的价值，在一个理想的市场环境情况下，市场价格有可能接近或者等于资产（商品）真实价值，但现实市场并不是理性市场，因此价格与价值之间必然存在差异，且价格围绕价值波动，甚至有时会出现巨幅背离情况。[②] 2008 年爆发的全球金融危机，使金融资产（商品）市场价格严重背离其真实价值。也就是说，价值与价格理论基础：价值决定价格，价格围绕价值波动，在正常情况下，价格与价值成正向关系，在非理性市场下，价格与价值发生背离。

公允价值观认为，市场价格是对资产价值最真实的反映。我们认为，

---

① 布哈林. 世界经济与帝国主义[M]. 北京：中国社会科学出版社，1983.
② 尉然. 公允价值会计的思考：基于马克思劳动价值论视角[J]. 中国农业会计，2014
（08）：44-47.

这种观点并不全面，当市场已充分认识到企业资产内在价值时，企业价值会在市场上得到认可，否则市场价格不是低估就是高估，因此，企业内在价值与市场价格并不一致。用机会成本观点来看，当市场价格高于企业资产内在价值时，出售资产是最佳方式，当市场价格低于企业资产内在价值时，投资者就会增加投资。公允价值观把市场价格等同于资产内在价值，主要是在理论上将使用价值与交换价值这两种不同的价值属性混为一谈。一般情况下，交换价值可以通过市场得到体现，但使用价值则要具体分析，对别人没有用的资产，在特殊的企业主体非常必要，因此，两者在价值计量上差异较大，换而言之，同一种资产在不同企业发挥作用不同，创造价值就不同，使用价值也就不同，表现在会计计量上要考虑具体情况，对资产价值与价格都要给予充分的披露、反映。

显而易见，现行公允价值理论要解决根本性的问题：计量资产价格还是估算资产价值，并采用何种方法计量资产（商品）价值或者价格。

根据公允价值理论，公允价值应该反映资产交换价值，并按照以下方法确认：首先强调的是市场价格，因此存在市场交易价格的情况下，交换价格即为公允价值；在没有市场价格情况下，采用现值计量资产（商品）价值也是公允价值，而现值反映的价值属性是在用价值，也就是说，在用价值也是公允价值；无法采用现值计量资产，可以用其他方法替代确定公允价值。这样公允价值类型包括各种价值属性，计量方法也是多种方法，体现价值属性是一种混合价值属性，并不是理论上的交换价值属性。

公允价值悖论在于：公允价值反映是价值还是价格，二者必择其一。如果公允价值反映资产市场价格，显然就应该采用现行市价计量；如果公允价值反映资产内在价值，那么应该用现值计量，而现行公允价值却运用多种方法计量，既反映资产价值又反映不同价值属性的资产价格，因此其价值属性无法予以明确，只能称之混合价值属性。其实，公允价值本质应该反映是资产现行市价，但实践中因过多考虑会计信息相关性的需要，却更为重视对资产内在价值（现值）估价，具体体现在金融产品计价等方面，从而产生了既对资产价格计量又对资产价值估价的矛盾。

究其原因，公允价值理论上缺陷的根源：人们对会计本质认识产生偏差。会计是人类经济发展产物，因此会计必然服务于经济，并代表不同的政治、经济利益需要。从会计发展历史来看，会计始终反映资产价格而不是价值，1970年代以后，以美国为代表西方国家提出以"公允价值"计量的理论，其当时经济背景正处于严重通货膨胀，资产升值与资产的历史成本之间存在严重背离，因此暴露出历史成本计量的弊端，采用公允价值计量能真实反映资产、负债现时市场价格，也就是说公允价值理论应该反映资产的交换价值。但由于客观原因所限，企业资产不一定都有市场价格，因此要借助于技术手段估算。

随着金融市场发展的需要，大量金融产品涌现，必然要通过建立复杂数学模型估算其内在价值，于是现值计量得到广泛使用。公允价值理论由此把这种估算的价值也体现为公允价值，甚至将采用其他方法计量资产价值也称之公允价值。那么公允价值到底是什么呢？恐怕很难说清楚，公允价值反映是价值还是价格呢？是一个比较困惑的问题，现行公允价值理论应该予以明确，否则，公允价值恐怕面临发展的困境。

从目前发展趋势来看，公允价值会计似乎更强调会计信息相关性，而忽略可靠性，也就是说公允价值是在牺牲会计信息的可靠性基础上，发展、丰富会计信息相关性，以便为决策服务，这样会计由原来对资产价格计量逐渐倾向对资产价值估价，突出体现在金融资产或者金融负债计价方面，会计职能从最基本的反映职能正演变成预测功能，因此会计信息真实性、可靠性必然受制于人的主观因素影响，会计信息的相关性由此也值得怀疑。

尽管如此，公允价值计量替代历史成本计量仍是会计发展的进步，由于公允价值计量更强调资产、负债现实价格，与历史成本法相比，对债权人、投资者、社会公众来说，以此为计量基础反映的会计信息提供了其决策更相关和有用的信息，极大地提高了会计信息的有用性，受到了社会公众的普遍欢迎。因此，以公允价值进行计量已经成为国际会计的一种潮流趋势，代表了国际会计发展和改革的一个最主要的方向。但公允价值缺陷也是致命的，表相为顺周期性，即资产、负债价值变动对所有者权益的影响，实质要解决的问题：计量资产价格还是估算资产价值，并采用何种方法计量。

从会计理论上讲，资产价格与价值体现资产不同的价值属性，不同的价值属性不具有可加性、可比性。因此在会计计量上，我们不能对某些资产采用现行市价计量，而对另一些资产采用现值计量，如果采用混合计量模式，其结果必然导致会计信息失真。而现行公允价值计量恰恰是采取现行市价计量、现值计量等混合的计量模式，其最终计量结果既不能准确反映资产价值又不能真实反映资产价格。因此笔者认为，反映资产内在价值应采用现值计量，反映资产交换价值必然采用现行市价计量。确切地说，公允价值本质应该采用现行市价计量，并不是现值计量，更不是混合计量模式。

第二节 经济新常态背景下国际公允价值认定的重要性

随着我国经济进入新常态，中国企业越来越多地涉足国际经济交往中，从贸易争端中正常价值的认定到知识产权交易中品牌、商誉等无形资产的估价，再到国际投资中出资比例的认定，都离不开国际公允价值。

一、国际贸易争端需要国际公允价值认定

（一）国际贸易争端概述

国际贸易争端是指国际贸易主体之间在贸易活动中产生的争端。国际贸易争端的范围虽很广泛，既包括私人之间的贸易争议，也包括国家（地区）和国际经济组织之间的贸易争端。一般说来，国际贸易争议比较多地使用在私人、法人之间产生的业务纠纷中，其规模或者经济贸易量不是很

大；国际贸易争端则较多用在大型的国际经济组织之间、国家地区之间产生的贸易纠纷中，涉及的范围、行业广泛，其经济规模和贸易数额较大，而且国际贸易争端往往含有政治干预、贸易保护等因素。而国际贸易大战则是国际贸易争端的升级。

国际贸易争端因其参加的主体，以及当事人之间权利义务不同而有不同特点。以国际贸易关系的参加者为标准，国际贸易领域内的争端可以分为以下几种：

1．不同国家的国民之间的国际贸易争端

这类争端一般产生于不同国家国民（包括自然人和法人）之间因货物买卖、技术转让、投资、工程承包等跨国经贸活动过程中。不同国家的国民是国际经贸活动的直接参加者，国际贸易争端多发生于此类当事人之间。

该类争端一般为当事人之间在国际经贸合同的解释或履行中发生，但在某些情况下，也可能是非契约性争端，如由于侵权行为所产生的纠纷。但无论是契约性争端，还是非契约性争端，共同的特点是：争端各方当事人的法律地位是平等的，他们之间的权利与义务是对等的。

2．国家（地区）与本国或外国国民之间的国际贸易争端

这类争端的主要特点是争端双方具有不同的法律地位：一方为主权国家（或享有独立立法或司法权的地区），另一方为本国或外国国民。按照国际法一般原则，国家享有主权，可以制定和修订法律，并享有司法豁免权。而一般的国民则无此权力，对国家制定的法律，必须遵守。此类争端主要发生在国家对具体从事国际经贸活动的当事人行使管理或监督的过程中。如国家海关或税务部门对进出口的货物征收关税，进出口商品检验部门对货物进出口依法进行的检验，外汇管理部门依法对外汇实施的管理，以及国家其他职能部门依法对国际技术转让和投资所实施的管理等。因此，国家或国家机关在对上述有关国际经贸活动实施管理的过程中，也会与这些被管理者发生这样或那样的争端。

在国家与外国国民之间的贸易交往中，有时也直接订立商事合同，如国家与外国投资者之间订立的允许外国投资者开发本国自然资源的特许权协议，在此情况下，尽管协议双方也可以通过合同的方式确定他们之间的权利与义务，但是，就当事双方的法律地位而言，作为缔约一方的国民，其法律地位显然与国家不同。

3. 国家（地区）之间的国际贸易争端

国家之间的国际贸易争端是指主权国家在贸易交往中所产生的争端。其特点是：

第一，争端一般产生于国家之间订立的双边或多边国际公约的解释或履行，如对双边贸易协定、投资保护协定、避免双重征税和防止偷税、漏税协定的解释或履行中发生的争端以及由于多边国际经济贸易公约而产生的争端，如世界贸易组织中的各项协议的解释或履行中发生的争端。

第二，争端双方均为主权国家，而不是这些主权国家中的国民。

第三，争端的解决方法以非司法方法为主。①国际贸易争端发生在国际贸易领域；②国际贸易争端的主体具有涉外性；③发生争端的法律关系的标的物位于国外或行为在国外完成；④产生、变更或消灭法律关系的法律事实发生在国外；⑤国际贸易争端的解决所适用的法律可由当事人协商确定，或为某一当事人所在国家的法律，或为第三国法律，或为国际公约或国际惯例；⑥国际贸易争端的解决方式多样，程序复杂；⑦国际贸易争端的主体，往往是国家之间，在解决争端的期间，往往伴随着政治谈判；⑧国际贸易争端的多行业性，贸易主体为了能在争端期间更好地保护自己的利益，打击对方，通常会将不相干行业拖入争端，使得贸易争端面临升级为贸易大战的风险。①

4. 国际贸易争端产生原因

在国际贸易中，产生争端、纠纷的原因很多，大致可归纳为以下几种情况：

（1）合同是否成立，双方国家法律和国际贸易惯例解释不一致；

---

① 马润泽. 经济全球化背景下国际贸易争端的解决[J]. 商场现代化，2015（21）：8-9.

（2）合同条款规定得不够明确，双方对条款的解释不同，习惯上无统一的解释；

（3）在履约中产生了双方不能控制的因素，致使合同无法履行或无法按期履行，而双方对是否可以解除合同或延期履行合同看法不一致；

（4）买方不按时开出信用证，不按时付款赎单，无理拒收货物或在买方负责运输的情况下，不按时派船或签订运输合同、指定交货地点等；

（5）卖方不按时交货或不按合同规定的品质、数量、包装交货，不提供合同和信用证规定的合适单证；

（6）制度不同，夹杂着政治、意识形态、统计方法等因素引发贸易争端；

（7）利用技术优势，针对他国设定歧视性标准，产生贸易壁垒，导致贸易主体之间无法进行正常的贸易活动；

（8）某些国家或者地区为了迎合国内的贸易保护主义，故意对其他贸易主体进行无理的反倾销反补贴调查，进而提出惩罚措施。

（二）国际贸易争端与公允价值

公允价值是一种具有明显可观察性和决策相关性的会计信息。在计量属性上，公允价值与历史成本、现行成本、现行市价、可实现净值、未来现金流量的现值之间存在着交叉重合。公允价值作为一种新的计量属性，最大的特征就是来自于贸易经济过程中公平交易市场的确认。正是由于公允价值是贸易双方自愿达成的交易价格，其确定并不在于业务是否真正发生，而在于贸易双方一致同意并形成一个价值，公允价值才成为国际经贸活动中最相关的计量属性。

这是因为在国际经贸经济中很多金融工具的交易或事项并未实际发生，不符合传统会计的计量标准，而采用公允价值计量可解决这一问题。此外，国际经贸交易中形成的销售收入、其他业务收入等也是按贸易双方达成的现行市价即公允价值进行计量的，存货按成本与市价孰低法计价是部分采用公允价值计量。以上的公允价值计量通常是采用某种可观察的市场金额，但对某些资产和负债进行计量时，往往无法取得这种可观察的市场金额，只能改用未来现金流量的现值（估计值）进行计量。其与未折现的现金流量相比，前者比后者更能提供与决策相关的信息，更符合公允价值的涵义，即现值计量更能反映贸易经济过程中形成的市场价格即公允价值的要素，包括对未来现金流量的估计、对未来现金流量的金额和时点的各种可能变动的预期、用利率表示的货币时间价值、内含于资产或负债中的价格的不确定性和其他难以识别的因素。

但是，现行成本和现行市价都在公允价值的定义之内，而可实现净值和现值与公允价值不一致。可实现净值与公允价值不一致，是因为可实现净值是未经贴现的现金或现金等价物，其没有考虑货币时间价值。但对于短期应收应付项目，由于其货币时间价值可以忽略不计，故其可实现净值可以近似地代表这些项目的公允价值。现值与公允价值不一致，是因为现值涉及不同贸易主体对未来现金流量的金额、时间、风险及不确定性的预期，而不同贸易主体对上述因素的预期是不一样的，由此形成两种类型的现值：以公允价值为计量目标的现值和以特定个体价值为计量目标的现值。只有以公允价值作为唯一计量目标的现值才与公允价值一致。

公允价值计量属性反映的是现值，但不是所有计量现值的属性都能作为公允价值。公允价值的本质是一种基于贸易经济市场信息的评价，是市场而不是其他主体对资产或负债价值的认定。贸易市场存在交易价格的情况下，交换价格即为公允价值。在某些情况下，贸易主体的管理层或内部人员了解某些资产或负债更为详细的信息，而这些信息表明贸易市场交易价格偏离了这些资产或负债大于（或小于）真正价值，如果以不同贸易主体的主观价值判断代替市场的价值，会计信息的可靠性就难以保证；况且不同贸易经济主体拥有的信息千差万别，难以统一标准，得出的信息缺乏可比性。不存在实际交易事项的情况下，必须采取其他的计量办法。首先考虑的是在贸易市场上寻找是否存在相类似的交易，如果存在，则以类似交易的价格作为计量基础。

公允价值能合理反映贸易主体的财务状况，从而提高财务信息的相关性。公允价值与历史成本相比，能较准确地披露贸易主体获得的现金流量，从而更确切地反映其经营能力、偿债能力及所承担的财务风险。因此，按公允价值计量得出的信息能为双方贸易中的管理人员、债权人，投资者的经营、决策提供更有力的支持。同时，公允价值能更真实地反映贸易主体的收益。现行计算收益的收入是按现行市价计量的，而计算收益的成本、费用则是按历史成本计量的。两者之间的差额（收益）由两部分构成：一部分是劳动者创造的纯利润，另一部分则是由经济因素影响形成的价格差。但现行的利润分配制度对这两者却不加区分，从而出现收益超分配、虚利实分的现象。①

当前国际贸易争端的一个最重要的原因就是滥用反倾销措施。倾销是指一国（地区）的生产商或出口商以低于其国内市场价格或低于成本价格将其商品抛售到另一国（地区）市场的行为。这一行为严重违背了公允价值所要求的交易双方主体是在一种公平的条件下进行交易的原则。为了保护本国的相关产业的发展，一国便会采取反倾销措施，因此贸易争端便产生了。在当前国际贸易自由化背景下，进行交易的主体各种各样，这就对交易的环境提出了一个更高的要求，交易双方需要在一个更加公平的环境中进行交易活动，以获取双方都需要的利益。这样完成的交易才能使交易双方都获得满足。所以，在国际贸易中就更加需要公允价值的认定。

如果进行国际贸易的交易主体双方存在对交易物价值的认定不一，也会出现相应的贸易争端。由于物品价值会随时间的流逝而产生相应的升高或者降低。在进行国际贸易的时候，可能会存在由于交易双方距离较远，交易时间过长，市场变化迅速导致交易物的市值发生变化，从而产生交易双方对价值的认定存在分歧，因此可能导致贸易争端。与历史成本计量相比，公允价值计量是面向市场的，它强调公平交易和市场完善，并且能够客观地反映当前经济环境下资产和负债的真实价值，它能动态地、及时地反映各项资产和负债价值的变化，决策的相关性很高。由于公允价值的公

---

① 李洪艳，王学宝. 浅议会计公允价值的计量属性在贸易经济中的应用[J]. 黑龙江对外经贸，2007（10）：127-128。

平性，所以对于解决国际贸易争端，公允价值能发挥较大的作用。

二、国际投资争端需要国际公允价值认定

国际投资活动中更需要公允价值的认定，这是因为双方的出资金额和比例往往会因利率、汇率等金融变量的变动出现偏差，这就极易导致国际投资纠纷出现。

（一）国际投资争端的概念及其分类

国际投资争端也称国际投资争议，是指外国国家或外国私人因直接投资关系产生的争议，即是外国国家或私人投资者（个人或公司）同东道国政府（或其他机构）或企业、个人因外国国家或外国私人直接投资问题而发生的争议。

采用不同的标准，可以对国际投资争端做出不同的分类。目前有两个分类标准，一是按区分主体的标准，二是区分诉因的标准。

本节主要从区分主体的标准对国际投资争端进行如下的分类：资本输出国与资本输入国之间的国际投资争端，[①] 此类争端多发生于如下情形：

（1）国家与国家之间对其签署的双边或者多边投资协定如何适用、如何解释有不一致意见而产生争端；

（2）资本输出国替本国私人投资者出面，直接向资本输入国政府要求外交保护权或代为求偿权，最终使本来是资本输出国私人投资者与资本输入国政府间的投资争端演变为资本输出国与资本输入国之间的国际争端；

（3）资本输出国的私人投资者与资本输入国本国的私人投资者之间的国际投资争端。例如，资本输出国的私人投资者与资本输入国的私人投资者在签署国际合资、合作的商事合同后，因双方对该商事合同的成立、执行与解释等事宜理解不一致，从而产生了争端。

此外，还有一种更为特殊的情况，就是一些国际机构，例如世界银行

---

① 史晓丽，祁欢. 国际投资法. 北京：中国政法大学出版社，2009.

集团多边投资担保机构或解决投资争议国际中心为了履行自己的职责，而与一些国际公约成员国产生了争端。

（二）　国际投资纠纷与公允价值

国际投资可以分为对外间接投资和对外直接投资。

对外间接投资指的是企业为购买国家及其他企业发行的有价证券或其他金融产品（包括期货与期权、信托、保险），或以货币资金、实物资产、无形资产向其他企业（如联营企业、子公司等）注入资金而发生的投资。

对外直接投资简称 FDI，是指企业以跨国经营的方式所形成的国际间资本转移。一般认为，对外直接投资是一国投资者为取得国外企业经营管理上的有效控制权而输出资本、设备、技术和管理技能等无形资产的经济行为。对外直接投资一般不借助金融工具，大都是由投资人直接将资金转移交付给被投资对象使用的投资，如持有子公司或联营公司股份等。

不论企业采取何种国际投资方式，在进行投资时都会涉及资本的转移。在资本转移的过程中，如何确保进行投资的一方和接受投资的一方都能够获得一个较为公平的地位，这是在进行投资谈判的过程中一个比较关键的问题。由于公允价值所表达的是熟悉市场情况的买卖双方在公平交易的条件下和自愿的情况下所确定的价格，或无关联的双方在公平交易的条件下一项资产可以被买卖或者一项负债可以被清偿的成交价格。在公允价值计量下，资产和负债按照在公平交易中，熟悉市场情况的交易双方自愿进行资产交换或者债务清偿的金额计量。公允价值计量强调交易的公平性，所以在进行国际投资时引入公允价值来对投资所涉及的资产或者是资本进行一个认定是十分有必要的。

另外，对于外国投资者与东道国政府之间，外国投资者与东道国企业等的国际投资争端，能够引起此类争端的因素是多方面的。[①]例如，东道国政府采取的国家行为（立法、执法等）损害外国投资者利益；东道国政

---

① 辛宪章. 国际投资争端解决机制研究[D]. 东北财经大学，2013.

府采取的国有化措施或增加税收损害外国投资者利益；东道国发生的内乱、战争等事件损害外国投资者利益；东道国政府单方面毁约损害外国投资者利益；外国投资者违反东道国国内法律，东道国企业行为损害了投资者利益等。由于此类投资争端产生的原因是多方面的，争端各方的法律地位也是不平等的，因此也就无所谓国际公允价值认定的问题了，最终往往导致了国际投资争端的复杂化。

由于国家层面的政治因素或者社会风险是不可控的，所以在本节中我们所讨论的能够引起投资争端的原因主要是企业层面的，其中一个比较重要的就是资产价值认定的问题。一国企业在进行一项国际投资时，进行投资的一方最为注重的是自己的投资收益，自己在此次投资中的投资回报，但是由于国际投资这一相对较为特殊的投资方式，与国内投资相比，国际投资存在着更大的风险。由于进行投资和被投资的双方的国别，文化、政治、经济环境不同，加上世界整个经济大环境的影响如汇率的波动，经济的波动，还有就是在进行资产价值评估时，双方对资产价值的评估方法和价值认定可能会出现争议。这些均可能导致国际投资出现纠纷。

所以在进行国际投资之前，双方如果能够引入公允价值计量方式，对投资活动中的可能涉及的所有资产进行一个公平的价值认定，在对资产价值公允认定之后再进行投资谈判则在未来双方之间出现投资纠纷的概率将大大降低。所以引入公允价值计量这种方式也是解决国际投资纠纷的一种方法。

三、国际筹资活动需要国际公允价值认定

国际筹资与国际投资其实是硬币的两个面，互相影响，互不分离，一般说来，先有筹资活动，后才有投资活动，所以国际筹资活动也需要国际公允价值的认定。

（一）国际筹资的概念及其特点

国际筹资是指国际企业为实现其财务目标跨越国界在全球范围内筹措

其生产经营所需资金的一项管理活动。

国际企业与国内单一企业相比，在筹资方面既有共同点又有不同点。就筹资的基本原理和它们在单一国内筹资而言，两者相差无几，在此不再赘述。从它们在国外筹资来看，却存在着很大的差异。其主要表现如下：

1. 在资金需要量方面

由于国际企业为实施全球战略在世界范围内从事各种经营活动，其所需资金较多；而国内单一企业经营规模较小，生产经营活动较少，因而其所需资金也较少。

2. 在资金来源方面

由于国际企业所需资金较多，不是企业集团内部相互融通所能解决的，也非一般银行或其他单一组织所能完全满足的。因而，国际企业需要跨越国界在地区性市场或国际市场上筹集资金。因此，国际企业有更广泛的资金来源。

3. 在筹资机会与风险方面

由于国际企业不仅在企业集团内部融通资金，而且更多在企业集团外部，尤其是在国际资本市场上筹集资金，筹资的机会相对较多。与此同时，筹资中所受影响的因素也较多，如各国的政治状况、经济环境、文化背景、利率、汇率、税率等；而且，利率汇率税率等因素经常处于不断的变化之中，不确定性较大，因此国际企业的筹资风险也较大。

4. 在筹资决策方面

无论是在筹资方案的抉择及筹资风险的防范上，还是在筹资结构的设定及筹资成本的估算上，抑或是在筹资渠道的规划及筹资方式的选择上，国际企业所需考虑的因素都较多，其难度较大，要求较高。

（二）国际筹资与国际公允价值

企业在进行国际筹资时会存在各种各样的风险，如融资双方信用度管理不善风险、筹资风险、国家风险、法律的变更风险、外汇风险、社会环境的影响等多种风险,① 在本节中我们主要讨论的是国际筹资中的外汇风险。

在国际经济往来中，国际融资过程中存在着外汇变化给融资双方带来收益与损失的变化，有一部分是由于货币的供给与需求影响的，因而涉及外汇与本币的升值贬值的问题。汇率的高低直接影响产品在国际市场上的成本和价格，将直接出现融资企业的收益问题，那么自然而然其还贷能力在汇率的影响下可能降低。对于融资某一方国家的通货膨胀或者是通货紧缩的发生，也会导致外汇的变化，相应地会给融资双方的收益与损失带来实质性的变化，因此通常会考虑到货币能否进行自由兑换，而国际上融资的另一方也希望被贷款项以稳定货币，例如美元偿还贷款，因此汇率的变动对还贷数目存在很大的影响，而且利率的变动也会经常导致套利机会的出现，从而造成汇率的变动，这些都会对国际筹资活动产生极大影响。从而导致国际融资市场发生相应变化，对资产以及资本价值产生较大的影响。因此，一国企业在进行国际筹资时，如果不引入公允价值计量这一较为公平的计量方法，那么在后续的筹资过程中可能会出现广泛的争议或者矛盾。

由于利率和汇率属于国家政策层面的调控经济的措施，在企业层面属于不可控因素，所以企业只能通过其他的途径来降低国际筹资风险。由于公允价值具有公平这一特性，且采用公允价值计量时，双方对资产或者资本的认定均是自愿的，公允价值反映的是市场价格与企业资产内在价值的联系。公允价值反映的是资产交换价值，并按照以下方法确认：首先强调的市场价格，因此存在市场交易价格的情况下，交换价格即为公允价值；在没有市场价格情况下，采用现值计量资产（商品）价值也是公允价值，而现值反映的价值属性是在用价值，也就是说，在用价值也是公允价值；无法采用现值计量资产，可以用其他方法替代确定公允价值。公允价值强调的是一个更加真实合理的价值，包括了现行市价，所以能够在一定的程

---

① 姚丽婷，邱龙广. 企业国际融资风险及其防范[J]. 合作经济与科技，2016（10）：72-74.

度上避免汇率和利率波动对资本造成的影响。

在规避国际筹资中的利率和汇率风险时，企业可以采用方法很多，通常有远期利率（汇率）合约、利率（货币）期货合约、利率（货币）期权合约、货币互换、利率互换等，但是不管采取什么方式，均会涉及对资产的估值问题。

由于汇率和利率是波动的，在交易之初参与筹资的谈判双方就交易之合同本金、利率就已经确定了，除利息结算日汇率不确定外，交易成本在交易之初就已基本锁定，但随着市场环境的变化，其公允价值发生改变，会造成估值损益，且该损益在各会计期间呈波动态势。

在采用远期合约（以人民币为例）进行估值时，我们采取的估值方法为：

（1）对即期头寸的估值方法为：即期价值 = $\sum$ 即期已交割头寸 × 估值日即期牌价。

（2）对远期头寸的估值方法为：远期价值 = $\sum$（远期未交割本金 /（1 + 本金适用贴现率）本金剩余期限）× 估值日即期牌价 + $\sum$（远期未交割利息 /（1 + 各期利息适用贴现率）利息剩余期限）× 估值日即期牌价。本金（或利息）适用的贴现率为估值日该币种本金（或利息）剩余期限的机会成本率，即美元 LIBOR 及人民币央票利率。

（3）损益影响 = 当期即期价值变动 + 当期远期价值变动 + 当期利息收付。

总体看，该估值方法既受外币与人民币利率变动影响，也受外币汇率影响，而且即使利率、汇率都不变，随着时间的推移，时间因素本身也会对该交易损益产生作用。所以国际筹资活动中估值的本质即公允价值计量的本质是在估算"重置成本"问题，即用目前的市场状况去重新衡量既有交易在现在时点下的市场价值，且其对在反映交易实质的估值参数的选择上是十分慎重的，而且即使对同一交易，公允价值计量参数的选用，也不是一成不变的，可以根据交易定价的变化，定期对计量参数进行重检。所以在进行国际筹资时，应估算汇率利率变动对现值的影响，通过采用公允价值计量的方法，才能时刻清楚地了解估值损益的情况，才能对国际筹资过程有一个更好的把握。[1]

四、知识产权、国际援助等活动也需要国际公允价值认定

(一) 知识产权与公允价值

产权是一组以财产所有权为基础所形成的权利束。这个权利束由产权主体对客体财产所享有的所有权、占有权、使用经营权、处置权和收益权等一系列权利所组成。[2]

一般说来，上述任何一项单一的权利都不能构成完整的产权，而且产权一般应具备以下几个鲜明特征：

第一，产权是一种排他性的权利，并且是可以进行平等交易的权利。产权是某个主体对某种经济物品，或者某种稀缺资源的一种权利，既是财产权，这种权利具有排他性，同时必须是可以平等交易的法权，而不是不能进入市场的特权。

第二，产权是一个复数，是一组权利束，它可以分解为多种权利，并统一呈现一种结构状态。产权不是单项权利，而是一组权利，至少要包括对财产的所有权，以及由其引发的占用权、使用权、处置权和收益权等。这些权利既可以统一于某一个主体上，也可以分解而属于不同的主体。

第三，产权是规定人们相互行为关系的一种规则，并且是社会基础性的原则，是基础性的规范人们行为的准则。产权作为规则，其核心功能是使人的权利与责任对称，使权利严格受制于责任的约束，从而具有将外部性制度性地转化为内在性的可能，具有向人们的行为提供合理预期根据的功能。

---

① 陈天宏，刘蕾. 汇率、利率变动对资金业务损益的影响——基于公允价值计量模式下的分析 [J]. 金融教学与研究，2011.

② 田华秀. 公允价值计量在产权会计中应用的研究 [D]. 中国地质大学硕士学位论文，2011.

知识产权，也称其为"知识所属权"，指权利人对其智力劳动所创作的成果享有的财产权利，一般只在有限时间内有效。各种智力创造比如发明、外观设计、文学和艺术作品，以及在商业中使用的标志、名称、图像，都可被认为是某一个人或组织所拥有的知识产权。

知识产权归属于产权，是一种无形的产权，所以它应该具有产权的全部特征。拥有知识产权主体进行的是一种财产权利的交换，且遵循等价交换的原则。会计需要对这种等价的权利交换进行公允反映，以实现其界定和保护产权的功能。因此，以支付对价的公允价值作为资产初始计量成本，更能实现初始确认计量对产权的清晰界定。资产初始计量中产权保护理念主要体现为公允价值计量的广泛运用。

知识产权作为一种无形的产权，在进行价值认定的时候与其他有形财产相比会显得更加复杂和困难。所以在进行知识产权交易的时候，在对价值的认定与衡量上，要想使最终结果为双方都能接受且符合市场现有情况，就必须解决好两大任务：一是无论资源如何使用都要能够充分揭露出资源收益信息；二是这些信息要得到人们的充分考虑。所以知识产权价值信息在交易过程中就必须真实地、公允地、充分地被披露出来，这样能够方便另一交易方做出正确的决策。这正是属于公允价值范围内的一个功能，所以如果在知识产权交易中能够引入公允价值来进行价值认定，则交易过程会显得较为公平。而且在知识产权交易中采用公允价值，由于公允价值反映的是交易的本质，是与当前的市场保持一致的，所以在预防和降低金融风险上，公允价值能够起到确认、计量和保护知识产权所有者的作用。

此外类似的，资源收益的信息在公允价值计量这一方法下能够更加真实地被反映出来。我们通过计算收入和成本从而得到资源的收益，采用公允价值计量的优点是能将成本调整成为现行价格，反映最真实的市场情况，从而达到与收入在计量属性上的匹配，公允、真实地反映资源的收益。同时在知识产权交易的后续中采用公允价值计量能够及时地反映产权的变动情况。

（二）国际援助与公允价值

国际援助是一国或国家集团对另外一国或国家集团提供无偿或优惠的有偿货物或资金，用以解决受援国所面临的经济困难或政治问题，或达到援助国特定目标的一种手段。国际援助一般以主权民族国家为基本行为主体，是在价值规律和市场体系以外的非经济性因素作用下，以国家的政策行为对国际关系进行调整的产物。①

一般说来，国际援助可以分为官方援助与非官方援助，因此国际援助的资金来源也有官方资金和民间资金两种来源。官方资金包括政府支持贴补的出口信贷，以及由国际金融组织和商业银行联合发放的联合贷款；民间资金包括非官方的出口信贷保险机构所支持的出口信贷，以及非营利团体和个人基金会主办的捐赠与资助等。

由于在国际援助中同样会涉及资金的转移，而且当前国际援助体系过于复杂，国际援助也存在着诸多的问题。例如，援助国和受援国在评估、审批、报告和估价等程序上都存在许多不同；援助国和受援国之间交易成本高（如战争援助）等。在对受援国进行评估和估价的过程中，公平性就显得比较重要了。公允价值强调的是交易双方在公平的市场环境下自愿进行资产交换或者债务清偿的金额。在对受援国进行资产评估，公允价值反映的是资产的真实价值，并且与市场当前价值可以保持一致，而且在进行资产估值时，公允价值柜比其他的估值方法，信息披露得更加完全和真实，因此更具可靠性和有效性。

---

① 黄梅波，王璐，李菲瑜. 当前国际援助体系的特点及发展趋势[J]. 国际经济合作，2007（4）：45-51.

第二章 国际会计立法中的公允价值认定

公允价值发展历经近百年时光，各个国家和地区都对其展开了探讨与试探性的应用。在国际会计界处于权威地位的美国财务会计准则委员会(FASB)、国际会计准则理事会(IASB)先后发布了关于公允价值有关定义及其应用的规范性文件，给公允价值在世界各个国家地区的应用提供了参考，为公允价值的普及做出了重大的贡献。

第一节　国际会计制度中的公允价值认定

一、FASB 中的相关规定

美国财务会计准则委员会（FASB）是制定美国财务会计和报告准则的权威机构，这些准则对相关的财务报告编制加以规范，该机构在全球会计领域具有举足轻重的地位。在公允价值会计理论的制定和规范上，FASB 投入了大量的时间以及精力，对促进公允价值发展做出了不可磨灭的贡献。

FASB 对公允价值的研究经历了一个很漫长的时间段。1984 年 12 月，FASB 发布了第五号财务会计概念公告（SFAC5），该公告表明了有五种可用于财务报表的计量属性，分别是现行成本、现行市价、可变现净值、历史成本、现值，其中现行成本、现行市价和可变现净值一般作用于初始确认的计量和新起点的计量；历史成本主要用于初始确认和以后各期的摊销；现值主要是一种摊销方法。SFAC5 虽然没有提及公允价值计量相关的问题，但是打破了以往历史成本在财务会计计量中的统治性地位。① 公允价值的计量基本与除历史成本以外的四种计量属性相一致，正由于这种一致性，为公允价值计量模型在实践操作中提供了理论框架，为公允价值发

① "独立计量属性观"认为，公允价值与历史成本、重置成本、可变现净值、现值等一样，是一种独立的计量属性。"复合计量属性观"认为，公允价值本身不是一种独立的计量属性，而是一种复合计量属性，它代表了价值计量的一类计量属性。"检验尺度观"认为，公允价值本身不是一种具体计量属性，而是检验其他计量属性是否合理的一个检验尺度。"计量目标观"认为，公允价值本身不是一种计量属性，而是会计价值计量试图达到的一种理想目标。

展提供契机。

此后，FASB 开始了对于公允价值问题更深层次的探究。在 1990 年 12 月到 1999 年 12 月的十年间，FASB 发布的 32 项财务会计准则公告中有 23 项涉及公允价值的应用。经过十多年的积累和多次的研讨，终于在 2000 年 2 月发布了第七号财务会计概念公告（SFAC7）。在该公告中对于公允价值的定义为"资产或负债的公允价值：在自愿双方所进行的现行交易中，即不是在被迫或清算的销售中，能够购买（或发生）一项资产（或负债）或售出（或清偿）一项资产的金额。"这是 FASB 首次对于公允价值进行明确的概念界定，并且对于现值——公允价值的核心问题也有着全面且深入的阐述。不得不说这是公允价值历史上具有里程碑式的一步。

在 SFAC7 发布后，FASB 仍对公允价值计量存在疑虑，并不满足于此前所发布的成果。经过了数次对于公允价值的讨论后，FASB 在 2004 年 6 月发布了一个关于"公允价值计量"的征求意见稿，对公允价值进行了进一步的定义："公允价值是在当前交易中，在熟悉情况、不关联、自愿的各方之间进行资产交换或债务清偿的价格。"2005 年 10 月，FASB 又发布了"公允价值计量"准则的工作稿，作为"公允价值计量"的"准终稿"，并进一步修改了公允价值的定义，① 做了更详细的说明："公允价值是在当前交易中，在特定资产或负债的参照市场上，市场参与者从资产中获得的价格或清偿债务所支付的价格。"在经历了数次修改后，FASB 终于在 2006 年 9 月 15 日发布了公允价值准则的终稿，即 157 号财务会计准则公告"公允价值计量"（SFAS NO. 157）。SFAS NO. 157 对公允价值进行定义，并且确定了公允价值计量的框架。其内容为："公允价值是指在计量日，在市场参与者之间进行的有序交易中，销售一项资产所能获得或转移一项负债所需支付的价格。"SFAS NO. 157 的发布，对于统一公允价值在各项会计文告中的应用有着跨时代的意义。

大体说来，FASB《公允价值计量》主要围绕以下几点定义公允价值：

---

① 公允价值的定义（SFAS157 及其征求意见稿中公允价值的定义除外）引用于美国财务会计准则（第 1~137 号）（上、中、下册）. 王世定等译. 北京：经济科学出版社，2002.

正常交易、脱手价格、市场参与者、参考市场等。① 该定义保留了以往FASB 对于公允价值中的价格阐述，即交易价格是在有序的正常的交易中，交易者在主要交易市场或最大利益交易市场所销售资产或者转移负债的价格。销售资产与转移负债是从交易者自身是否存在资产以及负债的角度来看，并且假设为在交易日发生的交易。正常有序的交易则是指在发生交易的计量日，交易市场环境有秩序而不混乱，交易在双方完全自愿的前提下进行，不存在强迫交易的行为，同时也强调企业处于一种持续性正常经营的状态。脱手价格在定义中是指与销售一项资产所得以及转移负债所需要支付的价格，即有关于资产的未来现金的流入以及关于负债的未来现金的流出交易价格，是对于资产变动的市场的一个直接的测量度。因此脱手价格是构成公允价格计量基础的价格，是公允价值计量的核心。在 SAFC7中，"市场观察到的价格包含了所有市场参与者对一项资产或负债的效用、未来现金流量和现金流的不确定性以及市场参与者承受这些不确定性的程度的一致看法。"随着主体进行不同的商业活动，参考市场和市场参与者也有所不同，FASB 不仅承认了这些主体的不同，而且认为参考市场是主体对资产或负债进行交易时最有利的市场，即出售一项资产可以获得最高金额或转移一项负债可以支付最低金额的市场。

二、国际会计准则委员会对公允价值认定的变化

作为制定国际财务报告准则的权威性独立的私营机构，国际会计准则理事会（IASB）及其前身国际会计准则委员会（IASC）为促进国际会计的协调统一做出了重要贡献，该机构先后发布了一系列的"国际会计准则"及其"征求意见稿"，使国际会计准则逐渐趋于完善。

就公允价值的定义而言，IASB 对公允价值的界定也是受到普遍认可的。它在 IAS32 中对于公允价值做出了清晰的认定标准："公允价值，指在

---

① 洪亮.公允价值计量问题研究：SFAS157 的见解及借鉴［D］.厦门大学硕士学位论文，2007.
陈铁东.关于 FASB 和 IASB 的公允价值定义的综述［A］.职业圈，2007（4）：32-34.

公平交易中，熟悉情况的自愿当事人进行资产交换或负债清偿的金额。"1989 年，IASC 便发布了"编报财务报表的框架"，对公允价值计量体系有着较深入的探究。在 2001 年，IASC 改组为 IASB，并发布了"现值问题文稿"。2004 年 4 月，IASB 发布了 IASB39"金融工具：确认和计量"修改的征求意见稿"，强烈建议通过公允价值来计量金融工具，后来又对其进行了多次的修改和补充，为公允价值的正确使用付出了巨大的精力。2005 年 9 月，IASB 开始研究"公允价值计量"相关问题，致力于公允价值计量准则的制定与开发，其目的在于为主体按照国际财务报告准则的要求对资产以及负债进行公允价值计量时有一个统一标准，而不会显得混乱。IASB 将研究方向主要放在公允价值概念、计量框架、价值披露和公允价值计量指南的简化等问题点上。2006 年 11 月 30 日，IASB 决定以 FASB 对于公允价值的认定为出发点进行商讨，并就国际财务报告准则中和 SFAS157 中对于公允价值定义的进行了一系列比较，得出了以下差异。

1. SFAS157 与 IFRs13 都将公允价值等同于脱手价值，并强调了公允价值定义中的时效性问题，"在计量日"充分说明了公允价值计量是随着时间变化而变化的，在不同的交易日和计量日对同一资产或者负债进行计量，得出的结果将有可能是不相同的，因此，公允价值计量必须有着明确的时间点，否者将会产生误差。

2. 对于资产获得或者负债转移所处的市场条件，SFAS157 在定义中表明为公允价值是在正常有序交易的市场条件下的活动，而 IFRs 强调公平公正交易发生的活动。虽然二者在表述上有所区别，但总结起来的本质还是相同的，都是指市场参与者之间自愿而非胁迫的状态。

3. SFAS157 中，强调的是所发生的交易，而对交易者没有约束，即定义中的交易不一定需要是实际交易者，假设性交易也仍然符合公允价值中关于交易的定义。但在 IFRs 中把参与交易的交易者限制在实际交易者，并不认可假设性交易。

4. 对于负债，SFAS157 中的"负债"是基于清偿的概念而言的，而 IFRs 中指的是熟悉情况的当事人自愿进行负债清偿的金额，他们认为"转移"更加准确地描述了公允价值的计量目标，也符合 IFRs 在计量负债的公允价值时坚持以市场为基础的目标。IASB 认为在交易日承担某一负债的市场参与者也可能同时承担清偿的责任义务，"转让"更加深刻地反映了市场参与者对于负债的认识。市场参与者承担某一负债所要求的价格一定程度上表现了对预期市场资源变动的判断，是清偿负债的经济利益的体现。

5. 在如何确定初始确认时的公允价值问题上，FASB 与 IASB 有着各自不同的理解，SAF157 认为从定义而言，交易过程中买入价格并不同于脱手价格，而脱手价格是公允价值判断的标准，那么，初始确认的买入价格便不一定代表着公允价值，市场变动可能会使得买入价格与脱手价格有着差异。而在 IAS39 中却认为初始确认的交易价格是典型的金融工具公允价值，承认初始买入价属于公允价值。

6. 针对于交易市场的多样性与复杂性，选用在何种市场进行计量也尤为重要。FASB 的观点为，如果存在主市场，那么公允价值的计量应当以主市场的价格作为基础，因为就一般情况而言，进行资产销售或者债务转移的主市场便是其最有力的市场。公允价值的计量应该反映出主市场的价格，即使存在其他不同市场在计量日对主体更有利，也应该以主市场为准。IASB 也注意到这一点，认为主市场能够为公允价值的计量提供更有价值的数据参数，同意 FASB 的观点。①

7. SFAS157 指出，不履行义务的风险会影响所转让负债的价值，负债的公允价值应该反映与其有关的违约风险；违约风险包括主体本身的信贷风险，但不局限于此；主体在各期间对负债进行公允价值计量时应考虑其信贷风险的影响。IASB 认为负债的公允价值计量应该反映违约风险。

8. 公允价值计量对于资产有着重要的意义。SFAS157 指出，公允价值计量是市场参与者在考虑所有可行性方案后，对于资产所能做到的最佳使用。这意味着市场参与者能够将资产或其所在的资产组的利益最大化，无形中它限定了计量资产公允价值的估价前提："在用"以及"在交换"这

---

①　在 IASB 征求意见稿中，认为参考市场应该为最有利市场，而在《国际财务报告准则第 13 号——公允价值计量》修订了这一观点，认同了 FASB 关于主市场或最有利市场为参照市场的观点。

两个估价前提。而 IAS36 "资产减值"使用"在用价值"来判断和计量资产或现金产出单元的减值，该"在用价值"反映了主体对资产或资产组未来现金流量的预期，其估价结果是特定主体价值。比较而言，"在用"估价前提确定的公允价值是以市场为基础的计量。

三、金融危机对公允价值的挑战

公允价值近年来在会计实务有着广泛的应用，发展也日渐完善，但是仍然面对着许多质疑。在 2007 年，IASB 委员巴斯（Barth）就前瞻性地说明，公允价值不是万能的，其他的计量属性也依然有着各自的优势与特色，并不能完全替代。在一些情境中，何种计量属性被选择应用是未可知的。[1]

2008 年，美国国际集团（AIG）发表其反对公允价值的观点，认为公允价值强制性地要求会计主体认定其不会发生的损失，投资者对市场的信心会受到影响，AIG 建议停止使用公允价值或者对当前公允价值进行修改制定。AIG 的观点受到了很大一部分金融机构的认同，包括国际金融协会也认为公允价值在市场缺乏流动性时，公允价值会计信息不能正确地反应会计主体的财务状况，需要重新修订公允价值。在金融危机爆发后，对于公允价值的质疑之声更加频繁，停止使用公允价值，转而回归用历史成本进行计量的呼声愈演愈烈。那么公允价值真的导致了金融危机吗？公允价值又该何去何从？[2]

---

[1]　谢诗芬（2001）在其专著《会计计量中的现值研究》中，已论证过在非活跃市场下使用现值的机会相对更多。

[2]　关于这场金融危机的根源，伦敦《G20 峰会公告》的表述言简意赅："金融业的重大衰退，以及金融监管措施的重大失误，是导致当前危机的根本原因。在我们重建公众对金融系统的信任情绪以前，经济信心不会得以恢复。"华盛顿《G20 峰会宣言》指出："在经济高速增长时期，资本流动性日益增长并且此前十年保持着长期稳定性，市场参与者过度追逐高收益，缺乏风险评估和未能履行相应责任。同时，脆弱的保险业标准、不健全的风险管理行为、日益复杂和不透明的金融产品以及由此引发的过度影响，最终产生了体系的脆弱性。在一些发达国家，决策者、监管机构和管理者没有充分地意识到并且采取措施应对金融市场正在扩大的风险，未能及时实施金融革新或者未能考虑本国监管不力所产生的后果。除了其他原因以外，导致当前形势的主要因素是不一致和不够协调的宏观经济政策、不充分的结构改革，这阻碍了全球宏观经济可持续发展，导致风险过度，最终引发严重的市场混乱。"

通俗而言，公允价值计量是在计量日，会计主体拥有资产或者承担债务时迫切想从假想市场得到关于其价值评估的做法。运用公允价值计量资产或者负债的方式，就是确认市场参考价格的过程。

但在金融危机中，公允价值计量需要金融机构即使在市场不活跃的情况下，依旧按照公允价值计量，市场价格的低谷导致投资者对于市场失去信心，大量抛售所有资产，从而使得市场更加恶化，AIG 等金融机构以此认为公允价值应当对金融危机的产生和恶化负责。然而有些学者很早就对此观点进行批判。斯考特和巴斯指出，公允价值只是将波动的市场现状、经济环境真实地反应出来，何错之有？

当然，在金融危机背景下，金融机构主要应从三方面对公允价值进行责问，分别是公允价值在不活跃的市场环境下的计量方式、公允价值计量所产生的"顺周期性"问题、公允价值在计量金融工具时产生的"非对称性问题"。

（一）在不活跃的市场环境下的计量

SFAS157 中有着这样的假设：公允价值计量参数的市场化程度将会直接影响公允价值计量的结果，也就是说，公允价值计量结果的可靠性程度直接取决于其计量参数市场化程度。那么这将导致信息使用者依赖于市场参数的计量结果，并且将对非客观计量（主观估计或模型构建）得到的公允价值计量结果不信任。那么在市场不活跃时，信息使用者会对最保守的方式估计公允价值再打折扣，最终可能会使公允价值计量的资产或者负债低于其实际价值。

在金融危机发生时期，大部分金融资产丧失了活跃的市场价格来为公允价值计量提供参数，早先繁荣的金融市场显现出其交易量急剧减少，出价与要价相差大等不活跃市场的特征。同时买家数量大量减少使得投资工具供求不均导致价格下跌，从而引发了强迫性交易，都对公允价值计量造成挑战。

在非活跃市场状况下，公允价值计量首先面对的挑战是需要判定当前的市场价格是否满足公允价值计量要求，若不符合，则需要考虑交易是否出于自愿，是否存在强迫行为。如果确认为强迫交易，那么公允价值计量便不能直接采用该市场参数进行计量，应当采用合理的方式计量其公允价值。其次，若金融工具完全不存在交易市场，那么交易主体应该选取合适的估值模型进行估值。

由上面分析可知，面对非活跃的市场环境时，公允价值计量更多地采取主观估计和模型构建的方式，而不能直接采用市场参数。由于 SFAS157 并未对特殊市场下公允价值计量做出规范，那么面对金融危机下的不活跃市场，公允价值计量不可避免地受到质疑。

（二）公允价值计量所产生的"顺周期性"问题

财务信息会产生一系列的经济效应。在经济危机中，金融市场流动性逐渐恶化，按照公允价值会计计量的要求，金融机构需要确认减值损失，但是较高的减值损失会使得金融机构的资金大幅缩水，那么市场便会要求金融机构进一步增加保证金或者可抵扣资产，财务信息披露的金融机构资产质量信息与监管部门需投放的监管资本关系密切。金融机构资产价值的急剧下跌，导致其对监管资本的要求额度急剧上升，而如果监管资本不能及时补充到位以补偿资产减值损失，金融机构就可能破产清算。

按照公允价值披露的要求，在市场恶化情况下，金融机构必须按变化的市场披露资产信息，确认资产减值损失。而金融资产账面价值的下跌会要求金融机构增加其保证金和资本储备，如果储备不足，就被迫在非活跃市场出售其持有的优质资产。这种抛售行为带来的直接后果是，金融产品的市场估值进一步下跌，并可能危及其他优质资产，引起市场恐慌，造成投资者的盲目杀跌和跟风抛售。面对"疯狂"的市场，监管机构就必须提供更多资金支持，金融机构需要出售更多优质资产以"维持生计"，这会使市场进入新一轮的下跌通道，当市场价格跌入谷底时，资产的市值也被严重低估。这便是公允价值的"顺周期效应"。那么公允价值真的是导致顺周期效应的根本源头吗？其实不然。

公允价值会计根本目的不是资产减值会计，顺周期现象的原因是金融危机下市场的恶化，从而确认出的巨额的资产减值。一拨又一拨的资产减值打乱了市场的正常秩序，市场参与者对于市场缺乏信心，又导致了多轮的价格下跌。但是资产减值并不是公允价值计量的目的，它强调的是真实反应当前市场状态，不论是恶化还是改善，并且在 SFAS157 同样不包含关于资产减值会计的内容。

"顺周期效应"之所以会产生，很大程度上是由于次贷产品本身的复杂性、多样性、不透明性。市场参与者通过相关的金融衍生产品对次贷产品进行多次复杂的转移分割，次贷产品变得越来越复杂及不透明。① 而一旦出现金融市场的恶化，市场参与者为了资金安全便会大量抛售所持资产，使得次贷产品和其他金融产品估值持续下跌，进入恶性循环。所以，"顺周期效应"产生的主要原因就是次贷产品复杂特性和由此引起的市场流动不足。

表面上看，公允价值要求市场价格下跌时进行资产减值，市场由此进入恶性循环，即交易价格下降，确认资产减值，主体所持资产大量抛售，市价进一步下跌，市场更加恶化。但我们需要明确的是，公允价值只是表明了当前市场价格，如果不利用公允价值计量属性，那么投资者将会被金融市场的虚假繁华一直欺骗。在会计实务中，会计信息对市场所施加的影响取决于市场参与者对于其的依赖程度，如果信息使用者能利用财务信息看到企业的真实经营状况，那么，就不会产生"顺周期"效应。②

如上所述，公允价值并不是导致"顺周期效应"的直接诱因。金融机构将罪名强加给公允价值会计，无非是想推脱其盲目发放次贷产品和内部风险管理控制欠缺的罪名，转移公众的注意力。

---

① 王海连. 国际视角下的公允价值计量研究——兼论我国投资性房地产的公允价值计量 [D]. 东北财经大学博士学位论文，2012.

② 同上。

第二节　当前国际公允价值认定的方法与难点

在公允价值计量过程中，包括初始计量和后续计量，都有可能用到公允价值的计量方法。我国学者对于公允价值相关问题也进行了许多讨论，但对于公允价值估量技术涉及不多。主要是我国目前仍没有用公允价值计量会计，实践标本不足，自然难以得到合理的理论，深入学习计量方法，对我国公允价值发展有着重要的意义。笔者归纳分析国际上实际应用的估价技术，发现当前国际会计实务中使用的估价技术大致可以分为三类：市场法、收益法，成本重置法，本节将对这三种公允价值计量方法进行介绍与比较。

一、公允价值计量方法

（一）市场法

市场法又名市场价格比较法，是通过比较被评估资产或者负债与最近发生的类似交易项目的市场信息来确定其公允价值的做法。其原理是随着事物的价值变动，市场价格反映了资产或者负债的价值，由此可以确定其公允价值。运用市场法计量公允价值，有着一些限制性条件：资本市场完善且处于活跃状态；市场信息透明，参照物以及被评估资产或者负债的可比较市场参数可以搜集到。若满足上述条件，那么相同或者类似的资产负债的价格在同一时间点上会被调整到水平相当的价格，由此可以得到其公允价值。反之，若市场低迷，信息不对称，相似资产、负债交易不活跃，那么价格便不能够真实地反映其价值。

运用市场法的步骤①：

首先需要选定参照物，即与被评估的资产负债相比较的资产、负债信

---

① 姜彤彤. 谈公允价值估价方法及其选择[J]，齐鲁论坛，2008（2）：25-27.

息。可比性的资产、负债需要与被计量的资产、负债大体上可以相互替代，并且参照物交易的交易条款与条件应该能够反映正常的市场状况以及价格标准。

其次，如果能在市场上找到与被评估的资产、负债完全相同的参照物，那么就可以把该时间点的市场价格直接作为被评估资产、负债的公允价值。但是这是最理想的状况，一般并不能得到，更多的情况下是得到类似的参照物价格，需要对其价格进行调整，确定被评估资产价值。在调整价格时需要将以下因素加以考虑：一是时间因素，指参照物交易时间与被评估的资产、负债评估日相差的时间所导致二者在交易价格上的差异。二是地理因素，资产或者负债所在地区会对于其价格产生较大影响。三是功能性损耗，资产实体功能是否有损耗也会影响其价值。此外还有实务状况，资产年限以及可能的优惠性条款等，都需要在计量时加以考虑。

运用市场法计量资产、负债的公允价值是建立在存在类似的，可比较的信息基础上实现的，如何找到可比较的参照物是其中的重点与难点。估价专家需要比较所选参照物的交易信息与被估价资产、负债在某些重要方面的异同，充分考虑相关因素，对初始估价进行调整，做出结论。

（二）收益法

收益法是指通过估测资产或者负债未来预期收益，并将其折算成为现值，以此来确定被评估资产的公允价值的一种评估方案。收益法是效用价值论的应用，效用价值论认为，资产价值是该资产在未来所实现的收益，将未来收益折算成现值之和便是该资产的价值；同理，负债所导致的未来现金流折算为现值也是该负债的价值。[①] 因此，资产未来获利能力越强，效用越大，那么该资产的价值也相对而言更大。

收益法适用于很大的范围，企业整体资产、无形资产、资源性资产以

---

① 姜彤彤，谈公允价值估价方法及其选择[J]，齐鲁论坛，2008（2）：25-27.

及容易确认现金流动的负债的公允价值。① 对于评估企业价值而言，收益法是最合适的方法。因为对于企业价值的确定，并不是主要看待企业目前资产是否丰裕，而是要看在未来是否具有获利能力。使用收益法需要满足一定的前提条件，一是被评估的资产或负债需要是能用可计量的货币来统计其未来期望的现金流入或流出的一项或整体资产；二是资产的未来收益、收益所承担的风险以及预期收益期限都是可以预测的。②

收益法确定资本或负债公允价值的步骤，简而言之，就是对被评估资产未来预期收益折算为现值的过程。在资产未来收益有特定时期时，预测有限期限内各个时期内的收益额，通过适当的折算率进行现值折算，各年预期收益折现之和便是资本的公允价值。

具体步骤为：第一，收集与经营和财务状况相关的财务信息；第二，对有关指标进行对比计算分析，预估未来变化趋势；第三，预估资本的未来收益，并选取合适的折现率；第四，用选取的折现率对于预期收益进行折现，最后统计出被评估资产的价值。

（三）重置成本法

重置成本法是采用将被评估资产的现时重置成本减除其各项损耗价值来确定被评估资产价值的一种方式。其之所以能够评估资产的理论依据如下所示：

1. 资产的价值在很大程度上是由形成资产的成本所决定，原始投入的成本越大，那么资产的原始价值就越高，二者是线性相关的。使用重置成本法计量公允价值，需要明确资产的重置成本与原始成本之间的关系，重置成本是当前市场条件下构建一项全新的资产所需要付出的货币金额。重置成本与原始成本虽然反映的物价水平有所差异，但是二者内部构成是相同的。重置成本反映的是在资产计量日时构建该资产所需要的市场价格，

---

① 公允价值理想目标是能"真实公允地反映特定时点企业各项资产和负债的真实价值、真实公允地反映特定期间企业的真实经营成果。"

② 王琼. 公允价值估价技术分析及 FAS157 的例解[J]. 会计师，2008（8）：28-29.

原始成本是当初构建该资产时所花费的市场价格。一般而言，在其他条件确定的情况下，重置成本越高，资产的重置价值也越高。

2. 资产的价值会随着一些损耗性因素而发生相应的变化。

一般有以下几种：

资产的物理性损耗：在资产投入使用后，其物理性能会产生损耗，削弱了资产的价值。实体资产会随着使用年限、使用频率逐渐贬值，这种价值减损也被成为实体性减损。

功能性贬值：这种损耗指的是企业原有资产相对于市场上普遍应用的该资产而言，技术已经逐渐失去了竞争性，效率低、能耗高、技术差距明显，那么该资产的价值也会随着新技术的产生而逐渐降低，产生功能性损耗。

经济性贬值：由于资产所在的外部环境发生改变，相对于原本所处的市场，资产的价值发生改变。这些外部因素包括很多方面，政治因素、宏观政策等，造成了资产的经济性损耗。

成本法主要用于估计资产的公允价值，用公式表达为：资产公允价值=重置成本-实体性损耗-功能性损耗-经济性损耗，也有以综合成新率来计量资产的各种贬值程度的，那么公式表达为：资产公允价值=重置成本×综合成新率。①

使用成本法的前提条件：首先应该有可以找寻到的历史信息，重置成本法需要利用原始成本进行对比计量，这需要许多的历史资料，计量所用的很多信息、指标都需要从以往的历史信息中寻找。其次，用于重置成本法计量的资产需要有随着时间、使用贬值的特征，否则不能用重置成本法进行计量，如文物、古董是随着时间流逝而升值的，并且资产的实体特征、构成方式与功能需要能够与假设的重置资产有可比性。最后，所选取的资产不能是不可再生的，只有可再生资产才能用重置成本法计量。

运用重置成本法的一般程序是：被评估资产的确定，并且计算其重置成本；确定被评估资产所能够使用的年限；对被评估资产的损耗进行计

---

① 姜彤彤，谈公允价值估价方法及其选择[J]，齐鲁论坛，2008（2）：25-27.

算，得出损耗程度；计算出被评估资产的价值。[①]

二、公允价计量的难点

市场法、收益法、重置成本法这几种公允价值计量方法各有千秋，适用于不同的计量对象，有着不同的适用范围和前提条件，在实际操作中能够基本满足对计量的需要。但是在实际应用中，我们仍然发现其计量面临着许多的难点，对公允价值普及产生不利的影响。下面，我们将对几种典型的计量难点进行阐述分析。

（一）关联方借贷

关联方是一方能够控制、共同控制另一方或者会对另一方产生重大的影响，以及两方或者超过两方的多方共同受到一方控制、影响的，便形成了关联方。这里的控制指的是对一方生产经营活动以及财务方面施加影响，并能够从中获取一定利益。[②] 共同控制一般发生在企业合作中，按照合约对于某项经济活动双方共同决策实施，在与该项经济活动有关的重要财务和经济决策中扮演重要角色。

基于关联方特殊性，双方之间的关系可能会以合作而不是以竞争为主，那么其存在便会很大程度上影响交易的公允性。公允价值计量是在一个正常有序的市场中进行，双方间交易价格合乎当前市场价格是其计量前提。关联方之间的资产售出与负债转移可能并不是建立在公平交易的基础上，因为双方间交易并不在自由市场交易，而且合作关系在很大程度上影响交易的公允性。在必要的情况下，关联方之间也可以通过虚假交易来美化其财务状况。

关联方借贷是关联方之间发生资本售出和负债转移，无论是否真实发生交易，关联方借贷都是一种特殊的交易形式。与传统的遵循市场规则的独立交易相比，关联方之间交易成本大大减少，关联方借贷可以成为企业

---

① 王琼. 公允价值估价技术分析及 FAS157 的例解[J]. 会计师，2008（8）：28-29.
② 百度百科"关联方"。

实现利润最大化的手段。对于关联方企业而言，债权性资本是没有税收负担的，权益性资本则要缴纳所得税。假借贷之名行避税之实，是典型的利用资本弱化手段逃避税收的行为。即通过关联关系实施高负债、低投资安排，人为导致资本弱化，以增加利息支出，减少应税所得，最终达到避税目的。按照上述方案实行，利用关联方借贷方式，大大减少了企业的交易成本，同样对其公允价值计量带来了不小的困难。

（二）分部信息

分部信息是一个多元化经营的企业按照其不同的行业以及业务经营的地区而分别编制的财务报告信息。

首先，不同行业以及不同地区的公司分部在利润率、发展状况、投资前景和风险方面有很大的差异，所以要对企业进行公允价值计量，就必须要通过计量各个分部之间的财务信息来评估一个多元化经营的企业的公允价值。那么这就涉及分部公允价值计量以及对各个分部公允价值计量的整合后，得出总公司的汇总价值出现偏差的现状。

其次，对于母公司以及其各分部在经营范围、经营模式方面相差较大，那么合并所得的财务报告并不能很好地反映母公司以及子公司的运营状况，盈利能力等信息，所以通过分部信息来计量公司公允价值，会对其实际公允价值产生一定的误差，计量难度增大。

最后，由于母公司与其在其他地区的分部在经营范围、产品标准、当地物价、货币购买力上的不同，当外汇市场剧烈变动时，合并报表也会产生较大的浮动。使用坚挺货币与疲软货币所在地区的分部收益变动影响较大，给公允价值计量带来不确定性。

（三）外币债权债务

外币债权债务一般包括三种方式，以外币计价的商品或者劳务，外币资金的借入以及借出用外币交易的行为。①

---

① 王娟. 外币折算中公允价值的计量. 产业与科技论坛, 2013.（12）.

相对于其他的交易行为而言，外币债权债务有着一定的风险，不仅需要对非货币项目的公允价值进行合理计量，还要应对汇率变动所带来的风险。公允价值计量外币债权债务有着许多困境。

由于公允价值计量需要活跃的市场并且能够随时获得市场价格参数，所以要求市场有效性以及即时性。但是目前企业主要是通过一些评估机构来获取活跃市场非货币性资产的公允价值，市场的不完全性使得这些机构发布的信息滞后于当前市场信息。对于外币而言，地域的差异以及信息不对称，导致信息滞后性更为严重。公允价值计量失去了时效性。另一方面，国际金融市场是在时刻变化中的，货币汇率的变化带来了诸多的不确定性，伴随这汇率风险，公允价值计量也受到了很大的约束，难以准确估测现时公允价值，外币业务中，很多项目并没有相关的市场报价，给财务报表制定、披露带来了许多困难。目前常用的是采取未来现金流量折算法，虽然简单易于操作，但在实际应用中仍会可能受到主观影响，给使用者带来误导。

（四）银行表外资产和金融衍生工具

银行表外资产指的是银行的表外业务，是商业银行所从事的，按照会计准则要求，不计入资产负债表，却能够为银行增加收益的业务。这里的"表"指的便是资产负债表，表内业务是有风险的经营活动，能够形成银行的或有资产、或有负债，甚至转化为实体资产、负债。表外业务相对于表内业务而言，是指没有风险的资金流动。银行只需要承担担保责任，只收取手续费，不需要垫付资金，不用承担风险。表外业务虽然不计入资产负债表内，不形成现实资产负债，但一定条件下可转化为资产负债业务，可以改变银行损益状况。一般包括担保业务、承诺业务、金融衍生交易类业务。[①] 其中最主要为金融衍生工具。

衍生金融工具，作为以公允价值计量且其变动计入当期损益的金融资产或金融负债，应当按照取得时的公允价值作为初始确认金额，相关的交

---

① 交通银行总行课题组. 商业银行表外金融工具会计处理信息披露和风险控制研究. 会计研究，2011（3）：18-27.

易费用在发生时计入当期损益。金融衍生工具区别于传统金融工具，不是经历了一个时间点便可以完成，而是需要经过一段时间，在持有金融衍生工具期间发生任何价格变动，都会影响其内在价值。只有用公允价值计量，才能够反映银行经营的客观性、谨慎性。

公允价值计量衍生金融工具有其存在的必然性，但在实际运用中也有着许多不足，体现在以下几点：

1. 公允价值计量所需条件难以满足

就目前国内市场而言，市场化程度不高，经济体制不是很完善，资本市场不成熟等原因使得当前金融衍生市场和有效市场有着较大的差距，此外，公允价值还会有其他非市场因素影响，交易双方很难通过市场获取计量所需要的全部信息。同时，对于缺少相关市场交易的衍生金融工具而言，公允价值计量难度更大，需要通过估值模型来进行估量其价值。

2. 缺乏统一的计量指南

目前对于金融衍生工具还缺少统一的、完整的指南，这可能会导致对于公允价值计量的实践操作产生影响，会计从业人员所采用的方式不同，导致的计量结果也不尽相同，影响财务信息的质量。

3. 波动频繁，风险加大

衍生金融工具与传统会计要素的会计计量存在较大的差距，衍生金融工具原本应该用公允价值计量更加合理，但在实际工作中可能会对公允价值计量存在一定的灵活性，来减轻工作难度。由于合约交易时间及计量方法有可选择性，那么财务报表的制作也可以选择不同的方式来进行公允价值计量，资产负债表可能会产生数据波动，无法保证会计信息的可靠性，增加一定的风险。

第三节　公允价值的国际趋同

随着经济的飞速发展，各地区的会计准则不断完善，公允价值会计已经在国际会计准则中广泛应用，但是关于公允价值的定义、计量以及披露等相关应用在各个地区、机构都不尽相同，缺少统一的规范性指南，导致了公允价值计量上的不一致。IFRS 基于 FASB157 对于公允价值的研究成果，统一了公允价值的计量以及披露问题，大大降低了各地区、机构在公允价值计量方面存在的争议，提高了实务中公允价值的运用性。准则对于公允价值中一些难以规范的问题做出了详细的解析，虽然仍存在一些瑕疵，但已经成为会计准则发展历史中有着跨时代意义的事件。

一、其他国家对公允价值的认定

（一）各国对公允价值的定义

美国所采用的公允价值定义以 FASB 第 157 号会计准则为准，认为公允价值是指市场参与者在计量日的有序交易中，出售一项资产可收到或清偿一项负债应支付的价格。该定义主要涉及两个重要的点：

1. 有序交易。它意味着该交易市场一直保持着正常经营的状态；关于资产和负债的市场交易并非首例，而是经常出现的交易类型；交易是双方自愿进行的，不存在胁迫；并且该交易是一种假设性交易，本身不一定发生。

2. 市场。市场指主要市场或者最有利市场，公允价值计量所相关的资产或者负债都是在这两种市场上进行出售或者清偿的。

英国会计准则委员会在《财务报告准则第 7 号——购买会计中的公允价值》中对公允价值的定义是"公允价值，指熟悉情况，自愿的双方在一项公平交易而不是在强迫或清算拍卖交易中，交换一项资产或一项负债所使用的金额。"

加拿大特许会计师协会在其《手册》中对公允价值定义是"公允价值指没有受到强制的、熟悉情况的自愿双方，在一项公平交易中商定的对价的金额。"

中国财政部最新发布的《企业会计准则基本准则》中对公允价值的定义是"公允价值是指在公平交易中，熟悉情况的交易双方自愿进行资产交换或者债务清偿的金额。"

（二）对公允价值定义的比较分析

从上述各国对公允价值定义来看，虽然在每个地区、机构对于公允价值定义有着不同的表述，但是所表达的内涵已经趋同，有许多相同点。

1. 交易的公允性。公允价值都是在市场参与者熟悉市场情况的前提下，自愿进行交易所形成的，而不是通过强迫的手段达到的。

2. 市场的多样性。不论是活跃的市场还是非活跃的市场，都是能够形成公允价值的，在活跃市场中，当前市场的市场价格便等同于其公允价值，而在不活跃市场中，我们需要通过各种估价手段来对公允价值进行较准确的估计。

3. 公允价值的公允性只能够无限地接近而不能完全达到，因为由定义而言的公允价值都是在相对理性的交易中确定的，其本质是理想状况下价值的体现，在现实中不能够完全实现。不论市场如何完善，交易双方如何理智，并不能对所有信息进行收集及有效分析，从而做出绝对正确的决定。因此，公允价值的公允性只是相对的。

4. 计量的全面性。公允价值既包括资产也包括负债的价值。

（三）其他国家对于公允价值的运用

随着时代的发展，许多国家也逐渐采纳了用公允价值替代历史成本计量，新加坡选择依照 IASB 的规定，对于大部分的金融资产采用公允价值进行计量。而日本在 1996 年便已经开始探讨公允价值使用问题，日本会计准则制定机构——会计审议会在 1999 年 1 月就交易性有价证券和其他有价证券的确认、计量以及披露相关问题进行规定。在次年 6 月颁布了《关于固定资产会计处理的论点整理》。同年 2 月，日本会计准则理事会发表了《关于日本在日本准则与国际财务报告准则趋同中取得的进展的声明》，揭示了其在金融工具的公允价值计量方面趋同所获得的成就。加拿大会计准则理事会（ACSB）2006 年 1 月批准了一项旨在与国际财务报告趋同的计

划。就该计划所表达的意向，加拿大致力于建立一套全球通用的规范性的
会计准则体系，使得加拿大所使用的会计准则与全球通用会计准则趋于一
致，并将大力地推行使用。①

二、我国基本会计准则与国际会计惯例的趋同与创新

（一）公允价值在我国的发展

公允价值在我国的发展经历了许多波折，② 为了融入全球经济一体化的
浪潮，加入国际经济体系，1998 年 6 月财政部公布了《企业会计准则——债
务重组》，公允价值第一次出现在我国的会计准则中。但是，由于我国当
时的市场经济并不是很完善，与发达国家还有相当大的差距，相关的经济
法规并不能很好地规范管理公允价值计量，使得许多企业为获取不正当的
利益，采取了许多情节严重的舞弊行为，扰乱了市场的正常运行。2001
年，财务部重新修订了八项会计准则，认为我国现阶段并不适用于公允价
值，取消了公允价值的运用，改用账面价值计量作为权宜之计。2006 年，
财政部发布了《企业会计准则》，将公允价值明确地认定是一种会计属
性③，《企业会计准则》包括了总计 38 个具体的准则，其中公允价值涉及
17 项，表明我国的会计向国际化又迈入了一大步。2008 年，由于金融危机
的影响，公允价值受到了诸多的质疑，世界上掀起了终止公允价值使用，
改用历史成本计量的热潮，我国对其保持着谨慎、客观的态度。2014 年，
财政部综合考虑了国际会计相关准则，并结合了当前中国市场现状及我国
的真实需要，颁布了《企业会计准则 39——公允价值计量》，这是目前唯

---

① 汪祥耀，邓川. 国际会计准则与财务报告准则——研究与比较. 上海：立信会计出版社，2005.
② 公允价值在我国应用还需要谨慎，因为我国市场经济并不够完善，在监管力度、法律法
规方面的差异，需要逐步发展，而不能够完全照搬国际会计上对于公允价值计量方式。
③ 我国 2006 年的《企业会计准则———基本准则》虽对公允价值采用了类似于 IAS32 的广
义定义，但在第四十二条中却明确规定，会计计量属性主要包括历史成本、重置成本、可变现净
值、现值和公允价值，明确指出了公允价值是与历史成本、重置成本、可变现净值、现值等并
列的一种具体计量属性。这一规定对"独立计量属性观"在我国会计界的确立起到了非常重要
的作用。

一以计量属性命名的准则，简称 CAS39。

（二）CAS9 与 IFR13 的比较

会计准则的趋同是国际经济一体化所要求的必然趋势，是各国为了经济利益最大化所做出的妥协与努力。两大会计准则的制定机构 FASB 与 IASB 在 2006 年便已经开展了将公允价值趋同提上日程的计划。IASB 在 FAS157 的基础上，对于关键性问题进行探究，在 2001 年颁布了最新的公允价值计量准则——IFRS13，这是国际会计界对于公允价值最新的成果，旨在规范全球各地区公允价值计量，创造统一的公允价值计量规范。我国的 CAS39 作为我国对公允价值的总结，也是全球会计准则趋同的一项重要成果，通过对比 CAS9 与 IFR13，分析我国基本会计准则与国际会计惯例之间的异同，对完善我国公允价值计量有着重大的意义。

1. 公允价值定义

CAS39 中将公允价值定义为"市场参与者在计量日发生的有序交易中，出售一项资产所能收到或者转移一项负债所需支付的价格。"IFR13 将公允价值定义为"市场参与者之间在计量日进行的有序交易中出售一项资产所收到的价格或转移一项负债所支付的价格（即脱手价）。"我们可以看到 CAS39 在定义上基本上是与 IFR13 相同，都是在有序的交易形成，交易内容包括资本与负债，差别在于以下两点：一是交易性质二者有差异，CAS39 是指"发生"而 IFR13 是用"进行"表述，此处二者争论的焦点在于公允价值是否是指计量日计量的价值（并不一定发生交易）还是指计量日发生的真实交易的价格。CAS39 有可能产生这样一个难题，即如果交易在计量日不发生，那么公允价值便不能够进行计量。所以 CAS39 虽然采取的价格是脱手价，但是并没有刻意强调脱手价是等同于公允价值。

2. 在公允价值初始计量方面的异同

CAS39 与 IFRS13 对于公允价值的初始计量在要求上基本是相同的，都认为在一般情况下公允价值在初始确认的时候是等同于交易价格的。不过二者表述有所差异，CAS39 认为"通常"等于，IFRS13 则是"在许多情况"等同于。另外在判定交易价格是否等于公允价值初始确认时，IFRS 的规定更加详细具体，并辅以例子进行解释说明各种情况，而 CAS39 只在正文中有大致描述。

3. 估值技术与估值技术输入值的比较

估值技术都是为了能够估算出在市场参与者在交易日发生的有序交易中，出售一项资产或转移一项负债的价格。CAS39 与 IFRS13 都是采用三种基本的估价方法：市场法、成本法和收益法。不过 CAS39 在定义这三种估价方法时太过宽泛，IFRS13 则对于估价技术特征进行了较为详尽的归纳，并在单一估值技术与多种估值技术方面加入许多具体的例子。同样的，IFRS13 在估值技术输入值中给了实例，包含了交易所市场、股票市场、经纪人市场以及买卖双方直接交易市场，这些都是 CAS39 所欠缺的。IFRS13 还强调了输入值的风险，主要包括估值技术的固有风险与输入值的固有风险，这些都是 CAS39 所没有涉及的。至于有关于不可观测输入值的估值技术，CAS39 和 IFRS13 都同意应该在后续的计量中进行校正，二者唯一的不同便是 IFRS13 强调了校正的重要性，认为校正能够使得估值技术反映当前市场情况，并且主体可依据此来决定有没有调整估值技术的必要。

从上述分析而言，在估值技术与输入值的定义、使用、更正上，CAS39 和 IFRS13 基本上保持相同的观点，不过 IFRS13 更加具体详尽，并且更加强调对于风险和不确定性的把控问题。

4. 公允价值计量相关规定

公允价值计量的运用一般在四个方面：金融资产及负债、非金融资产及负债，资产减值、收入和自身权益。

在金融资产的公允价值应用上，我国采用的会计准则较国际会计准则更为复杂。我国依旧采用的是四分类法，而 IFRS13 已经将金融资产计量简化为公允价值计量和摊余成本计量。

而金融负债则与金融资产计量有所差异，CAS39 与 IFRS13 对其规定相类似，金融负债如果用公允价值计量并确认损益，那么金融负债就应该采用公允价值计量。在计量原则上，CAS39 较 IFRS13 而言，列举了三条原则，更加简洁明了，易于理解。CAS39 和 IFRS157 都认为企业用公允价值计量负债时，需要考虑到不履约风险。不同点在于，IFRS13 规定在计量负债的公允价值是应该注意可能影响义务履行的因素，并且还提及信用增级，这些是 CAS39 没有设计到的。

CAS39 以及 IFRS13 在非金融资产进行公允价值计量方面上，IFRS13 坚持"最高效和最佳使用"的原则。而我国对其则处于理解和探索的初级阶段，公允价值计量准则中没有明确规定。① 以固定资产为例，IFRS 和 CAS 都要求用公允价值对固定资产进行初始计量，但存在一个问题，我国固定资产准则只能允许固定资产减值而不能增值，在 IFRS 中没有相关的规定。在对固定资产进行后续计量的时候，CAS 采用的是成本模式计量，而 IFRS 既有成本模式，又有重估模式进行计量。在资产减值和收入方面，二者会计准则没有什么区别，只是具体的阐述有所偏差。

5. 公允价值计量的披露

IFRS13 更加详细地区分了对企业持续性的公允价值计量还是非持续性的公允价值计量，并且强调了实现披露目标所应该要关注的因素。在被要求用公允价值计量的各资产、负债上，CAS39 要求"至少在附注中披露"，而 IFRS 没有这方面的规定。在另一方面，CAS39 是按照"持续"和"非持续"来开展要求披露信息的，IFRS13 是混合开展的，因此，CAS39 在披露公允价值信息方面结构更加清晰。

---

① 吴保忠，刘文慧. 公允价值计量会计准则——国际趋同问题研究 [J]. 商业会计，2015（3）：15-18.

第三章　国际贸易中的倾销与反倾销

自1947年关贸总协定(GATT)第6条对倾销做出规定以来，反倾销逐渐发展成为一种广泛盛行的贸易救济措施，经过1994年乌拉圭回合谈判的修订，倾销与反倾销已成当今贸易保护主义的一种常态。

第一节 倾销与反倾销

在国际贸易中，倾销通常被认为是件"应予谴责"的坏事，是一种"不公平的贸易行为"或"不正当竞争行为"。但倾销如何认定，反倾销如何实施，通常需要我们本着公允价值认定的基本原则进行。

一、倾销（dumping）

什么是倾销？从经济常识的角度来讲，人们说的"倾销"，指的是一种"差价销售"，即在两个市场上，同一种货物用两种不同价格出售。用经济学术语来说，销售人对在成本上没有多大不相同的产品，对两个以上顾客索要有较大差别的价格。

然而，当倾销在作为法律领域的概念时，又有着与经济学不同的理解。《关税与贸易总协定》第六条将倾销定义为"一国产品以低于正常价格的方式进入另一国市场"。① 结合关贸总协定其他条款来看，它并不一概反对倾销。② 如果将某一出口商的倾销行为诉诸法律，并采取法律措施予以抵制，反倾销作为一种贸易救济措施的使用是得到了 WTO 的许可的。

当然，实施反倾销还需要具备一定的客观条件：首先，倾销产品对进口国国内产业造成实质性损害，或者造成实质性损害的威胁，或实质性的

---

① 李圣敬，朱嘉宁. WTO 争端解决机制和反不公平贸易法律事务[M]. 长春：吉林人民出版社，2002.

② 赵维田. 世贸组织（WTO）的法律制度[M]. 长春：吉林人民出版社，2000.

阻碍某一国内产业的新建；其次，这种损害或损害威胁与倾销行为之间有直接的因果关系。WTO 的《反倾销协议》①规定了计算正常价值的三种方法。

（一）出口国价格

出口国价格是指同类产品在出口国正常贸易中用于消费时的国内销售价格，是确定出口产品正常价值最基本的方法。使用出口国价格作为正常价值须具备下列条件：

第一，商品的国内销售价格必须是在正常的贸易过程中形成的。WTO《反倾销协议》第2.2.1 条和第2.3 条列举了属于非正常贸易的情形：低于单位成本的销售和向关联方的销售。在这两种情形下形成的价格由于存在人为操控的可能，因此不能认定为正常价值。

第二，商品的国内销售价格必须有代表性。WTO《反倾销协议》第2.2 条指出，被调查产品在出口国国内市场的销售如占其进口国销售的5%及以上，才可以视作确定该产品正常价值的足够数量，如有例外需有证据表明。

第三，商品的国内销售价格必须是同类产品的销售价格。WTO《反倾销协议》第2.6 条对"同类产品"的规定为：与涉案产品在各方面都相同或类似的产品，或虽然不是在各方面都一样，但却具备与涉案产品极为相似的特征的产品。

第四，商品的国内销售价格必须是用于出口国国内消费时的价格，而不可以采纳国内以出口为目的制造的产品的销售价格。

第五，商品的国内销售价格必须是可比价格。WTO《反倾销协议》第2.4 条的规定为：出口价格与正常价值的比较应在相同的贸易水平上进行，通常将出口价格和正常价值都还原成出厂前的价格水平。如果无法确定该

---

① 《反倾销协议》（Anti-dumping Agreement），即《关于执行 1994 年关贸总协定第六条的协议》（Agreement on Implementation of Article VI of GATT 1994），是世界贸易组织管辖的一项多边贸易协议，是在关贸总协定东京回合《反倾销守则》的基础上修改和补充的。

产品国内销售价格，或该产品在出口国国内市场销量太少致使其国内销售价格不具备代表性时，可采用第三国价格来确定其正常价值。

（二）第三国价格

WTO《反倾销协议》并未明确规定第三国价格中所谓"第三国"的确定标准，实践中选用第三国出口价通常需要考虑以下几点因素：向该第三国出口的商品必须与涉案商品完全相同或极为相似；第三国价格不能低于产品成本；该第三国的国内市场价格具备可比性；该第三国必须是同类产品的最大进口国。但当涉诉产品同时向几个国家（包括该第三国）倾销时，采用第三国价格法就失去了意义，此时可以采用结构价格法来计算正常价值。

（三）结构价格

根据 WTO《反倾销协议》的规定，结构价格是指"用原产地国的生产成本加上合理的销售费用、一般费用和管理费用以及合理的利润。"对于该条规定中的"生产成本"，《反倾销协议》第2.2.2条进一步规定："成本需按被调查方所持有的资料来计算，但该资料必须是按出口国公认的会计原则记载的，并且合理反映了应诉产品生产和销售等方面的费用。"对"合理的销售费用、一般费用和管理费用以及合理的利润"，《反倾销协议》第2.2.3条进一步规定："应以被调查方在正常的生产或贸易过程中销售的相同产品或同类产品的实际数据为根据。"

目前欧美国家和地区对正常价值的确定有两套标准：对于可获得市场经济地位待遇的企业，其出口产品的正常价值按上述三种方法依次确定；而对于未能获得市场经济地位待遇的企业，则采用一些特殊方法来计算其出口产品的正常价值。尽管中国入世已达16年了，早就达到了《中国入世议定书》"第15条" A 款中最长15周年的到期日，即"市场经济地位"限定方面的规定，但在市场经济地位的认可方面，欧美等国依然对我国采用歧视政策。以美国为首的一些国家将我国视为"非市场经济国家"；欧盟则将我国列为"有条件的市场经济国家",我国的出口企业必须要经过一系列苛刻的考察才有机会获得市场经济待遇;另外还有部分国家将我国划为"转型市场经济国家"。因此截至目前美国和欧洲对进口自中国的商品的正常价值的计算方法主要按非市场经济地位的标准,主要有三种:

（1）替代国价格。替代国价格是指以一个具有市场经济地位待遇的国家相同或类似产品的国内市场价格来计算我国出口商品的正常价值。选择替代国的标准是与中国经济发展水平相当的市场经济国家,考量标准主要有国民生产总值、工业发展水平和基础设施建设情况等。

（2）替代国第三国出口价格。即以替代国对第三国的出口价格作为我国出口产品的正常价值。

（3）替代国构成价格。是指替代国生产同类或类似产品的各项生产成本再加上企业合理分摊的管理费用、销售费用、一般费用和合理的利润。

表 3-1　正常价值确定方法的比较

正常价值的确定方法（NV）	正常价值确定的对应关系	
	市场经济国	非市场经济国
出口国国内市场价（HMP）	出口国国内市场价格	替代国国内市场价格
第三国出口价格（TCP）	出口国对第三国出口价格	替代国对第三国出口价格
涉案产品的结构价格（CV）	出口国产品结构价格	替代国产品结构价格

资料来源:李双双. 中国"非市场经济地位"问题探析 [J]. 国际贸易问题, 2016 (5).

当企业确定存在倾销,即其出口商品的出口价格低于其正常价值时,商品出口价格与正常价值的差额即为倾销幅度。WTO《反倾销协议》还制定了一个"微量不计规则",即若商品出口价格低于其正常价值的差额小于等于出口价格的 2%,则该倾销幅度可以忽略不计,但有一个条件,即该产品数量小于进口国进口同类产品总数的 3%。

从国际公允价值认定入手,在反倾销会计准则方面,中国新会计准则正式实施以前关于会计准则对中国企业市场经济地位获取影响的研究主要有两种观点:第一种观点为中国应诉企业采用国际标准的会计准则是反倾销应诉中争取"市场经济地位"的重要措施之一，我国会计制度实现与国际反倾销法的协调才能更好地应对反倾销。第二种观点则认为虽然旧会计准则和国际会计准则存在一些认识差异，但基本达到了"大同"，在解决中国"非市场经济地位"的问题上不一定要采用国际会计准则。虽然存在不同认识，两种观点都承认了会计准则对于中国应诉企业争取市场经济地位的重要性，特别是随着新会计准则正式实施和推广以及会计准则国际等效工作的开展，一些学者通过问卷调查指出，仅从会计准则形式或内容上协调无助于应诉企业获取市场经济地位，重要的是会计处理上的协调，但问卷调查不可避免带有一定主观性，缺乏基于企业和案件的证据支持。①

二、反倾销 （anti-dumping）

反倾销是指进口国反倾销调查当局在接到国内产业的申诉后，依据一定的法律流程对那些对本国产业造成实质损害或具有实质性损害威胁的倾销产品进行调查和处理的法律行为。根据 1994 年《关贸总协定》第六条的规定，一国商品以低于正常价值的价格进入另一国的市场，如因此对贸易缔约方已有的产业造成实质性损害或产生实质性损害威胁，抑或阻碍了该国某一产业的新建，则可被实施反倾销制裁。基于此，反倾销的实施应同时满足三个条件：出口商品的出口价格低于其正常价值，即确定存在倾销；给进口国相关产业造成实质性损害，或存在实质性损害的威胁，抑或对某一产业的新建造成实质性阻碍；倾销与产业损害之间存在因果关系。只有当上述三个条件同时具备时，进口国反倾销调查当局才可以对涉案产品采取反倾销措施。反倾销措施主要包括：临时措施，如征收临时反倾销税或支付现金或保证金；价格承诺，即进口国反倾销调查当局与出口方就提高涉案产品的价格以便消除倾销损害而达成的一种协议；征收反倾销税，作为最主要的反倾销措施，征收反倾销税是指调查当局在做出倾销肯定性终裁和产业损害肯定性终裁后对出口商品征收一定的反倾销税额。

---

① 刘悦，刘爱东. 会计准则趋同与市场经济地位的实证——基于中国应诉欧盟反倾销的企业与案件经验证据［J］. 系统工程，2013（10）：49-54.

三、倾销的种类

倾销作为国际贸易的一种手段，可以划分为很多种类。从最广义的角度说，凡是在国际间进行的商品和劳务交换，都有可能发生倾销行为，例如商品倾销、外汇倾销、技术倾销等。

1. 偶然性倾销、间断性倾销和持续性倾销

按照倾销的目的、时间的不同，商品倾销可以分为三大类。

偶然性倾销，是指由于偶然的原因，将在国内市场无法销售的"剩余货物"以不正常低价向国外市场抛售。如销售旺季已过，或货物易腐不宜长期保存，或者公司准备转向改营其他业务等。

间断性倾销，又称掠夺性倾销，通常是周期性的，指企业在短期内倾销其货物，然后停止倾销，过一段时间后又重复倾销。其目的往往是有计划地巩固自己在外国市场的地位，通过压低外国市场的价格排挤竞争对手。一旦竞争对手被排挤出商业领域，该企业就可以凭借其市场垄断地位，提高价格并获得利润，这种倾销成为"倾销有害论"的主要根据。

持续性倾销，指长期以低于市场正常价格向国外市场出售商品，扩大产销量并获得少量利润。实行长期性倾销的出口商一般具有垄断地位，或者获得政府的出口补贴。①

2. 技术性倾销和垄断性倾销

这一分类由美国司法部高级反倾销政策制定人罗伯特·威利格教授提出。1993年，为了准确地界定和划分倾销的概念与种类，由经济合作与发展组织（OECD）发起，并委托国司法部高级反倾销政策制定人罗伯特·威利格带领一个调查小组，对倾销的定义、种类和特征等进行全面调查、分析、研究。

罗伯特教授认为技术性倾销是指一个出口者以低价的方式试图扩大海外市场、赚取外汇或者用以平衡经济的行为。例如，在出口国国内市场不

---

① 吴清津. WTO 反倾销规则［M］. 广州：广东人民出版社，2001.

景气，而出口企业固定成本又已先期全部支出，正处于保本经营和停止经营之间时，出口商选择低于平均成本的价格向海外市场销售产品就可以看作是技术性倾销。罗伯特教授指出技术性倾销大多基于出口者的积极动机，并且按照自由贸易的原则进行，从而在客观上有利于进口国的经济发展。因此这一类倾销当然也就不应当受到反倾销的惩罚。

垄断性倾销又称纯损害性倾销，是指出口者在已经设限保护本国市场并使之免除竞争的前提下为迫使进口国生产者和第三国生产者退出竞争经营而采取的向进口国低价销售其产品的行为。很显然，这种倾销既违背国际自由贸易的原则又带有长期掠夺的战略性质，当然成为反倾销措施的主要作用对象。[①]

3. 价格倾销和数量倾销

价格倾销就是采用降低价格，甚至采用低于成本的价格，在国际市场向进口国销售商品，以占领市场实现垄断的行为。

数量倾销是指一个国家在一段时间内的某项产品出口数量猛烈地增加，以致对进口国可能产生实质性损害或者实质性损害威胁行为。

过去，反倾销多以对价格倾销的行为制裁为主。但是，由于对外贸易对于经济发展的重要促进作用，许多发展中国家的外贸扩张从 20 世纪 80 年代中期以来都出现了跳跃式趋势，出口数量急剧增加，再加上受亚洲金融危机的影响，东南亚各国货币贬值，出口贸易处于相对有利的地位，在一定程度上使得许多国家的出口数量迅猛增长。这种现象不仅容易对他国相关产业产生较大冲击，而且与国际《反倾销协议》中关于数量倾销国相关产业产生较大冲击，而且与国际《反倾销协议》中关于数量倾销的界定极为吻合，也就必然导致进口国援引相关条款对其实行数量反倾销，从而引起了一部分发达国家利用发展中国家扩大出口的迫切心情而频繁发起反倾销。从 1998 年起，国际反倾销立案中有 38.5% 的案件并未涉及价格问题，而属于数量倾销，并且大部分数量反倾销案，又主要集中于受亚洲金

---

① 黄英辉，李文陆. 入世：企业反倾销的技巧与策略[M]. 北京：中国物价出版社，2002.

融危机影响较重的国家。

四、倾销的经济效应

近年来，进口国对出口国展开的反倾销调查日益增多，国际间的倾销与反倾销斗争更加激烈，那么，倾销到底对国际经济有哪些影响呢？本章从出口国和进口国二个方面分析了倾销的经济效应，从而指出倾销是一把双刃剑，对出口国来说，倾销提高了出口国的外汇收入、开拓了国际市场空间、可以协调国内经济的发展，但是倾销也牺牲了国内消费者的利益，扰乱了国内市场秩序，容易引起贸易摩擦；对进口国而言，唯一的好处是消费者享受了低价，对国内生产同类产品的企业存在直接和潜在的危害。

倾销作为一种国际贸易的行为由来已久，作为一种国内销售行为则历史更长。由于任何产品的销售市场，均可分为国内市场和国际市场，因而倾销也可分为国内倾销和国际倾销。所谓国内倾销是指一国生产商为了竞争的目的而对其相同产品以不同的价格在本国市场进行销售的行为，国际倾销则是指产品以低于其在另一国市场的价格进入一国市场，本书中所提的倾销即是指国际倾销。一个贸易行为被判定为倾销行为需要具备以下三个要素：产品以低于正常价值或公平价值的价格销售；这种低价销售的行为给进口国产业造成了损害；损害与低价销售直接存在因果关系。近年来，国际间的倾销与反倾销的斗争日益激烈，那么，倾销行为对国际经济的发展到底有哪些影响呢？一个厂商或者国家进行倾销，是为了获取一定的经济利益，但是，一个厂商的利益获得，意味着另一个厂商的利益流失，并且每一种经济措施都是双刃剑。所以，有关倾销的经济效应，可以从出口国和进口国两方面分别讨论，并且每一类型国家中又可以从积极和消极两个方面加以分析。

（一）倾销对于出口国的经济效应

出口厂商对外进行倾销产品的动机主要有以下几种：（1）为保持出口国市场上的价格稳定，向国外抛售大量的库存积压商品；（2）为击败在进口国的竞争对手，建立垄断地位，以低于平均成本的价格抛售商品；（3）为维持出口国内的"规模生产"，避免或减少失业，将国内市场容纳不下的产品低价出口，而出口企业经过综合平衡，总收入仍大于总支出；（4）一项新的产品为进入进口国市场，有意识地低价出口，以取得立足之地；（5）以赚取外汇完成出口任务为目的。

1. 倾销对于出口国的积极影响

有利于出口国在国际贸易中增加销售，获取更多的外汇收入。这是因为，一个国家的外汇收入就货物贸易而言，由其商品的出口价格和销售数量决定，即外汇收入等于出口价格乘以出口数量。虽然倾销意味着出口价格的降低，但根据需求规律，价格与需求变动成反比，即当出口价格降低时，国外的需求则会迅速增长，因此，出口数量就会相应增加，弥补因价格下降所带来的利益损失，获取更多的外汇收入。

有利于出口国开拓国际市场空间，并迅速取得市场优势。当今世界经济的全球化和一体化，已经使国际贸易高度发达，国际市场的规模不断扩大，任何国家都不能忽略由此而引发的贸易多元化战略，而需要着力开拓国际市场。尽管开拓国际市场可以采用多种方法，但最省力也最容易见成效的则是价格竞争，从而倾销可以很快地挤垮对手，有利于出口国迅速开发市场并占据优势。

有利于出口国协调国内经济发展。倾销会使厂商或者国家的出口数量大增，从而增加其就业人数和改变其既定的资源配置格局，有利于出口国协调国内经济发展，特别是在企业或国内处于结构调整期间，外贸作为国内经济的减压阀，厂商适时采用一些技术性倾销，其作用将会更为明显。

2. 倾销对出口国的消极影响

倾销对于出口国不但有很多积极的经济效应，也有不利的经济效应。这些不利的经济效应也体现为：

倾销产生的外生利益有可能造成出口国国内的同类生产企业间的不平等，影响市场竞争的公正性。市场经济下的企业主体应该都是平等的，可以自主经营开发外贸产品。但是，当现实生活中已经有一个倾销企业经营该种产品的出口时，由于国外市场的容量有限，就会对出口国国内生产同样产品的企业形成不平等，而影响市场经济竞争的公正性。这是因为，对外进行倾销的企业往往都具有垄断地位，而其他企业未必具有同等优势，因而也就无法进行倾销，在抢占市场中处于劣势，很快失去倾销企业从事倾销的相关海外市场。而且，进口国使用倾销产品作为生产资料的制造商，由于倾销产品价格低，从而其成本低，可以将本国的制成品出口到第三国，与第三国或原倾销产品出口国生产同类产品的生产商竞争，也会使出口国非倾销企业处于不利的地位，最终减少其市场份额或失去市场。

倾销要以消费者利益的流失为代价，并且有可能引致要素资源的配置浪费。倾销行为的成立，意味着一国对别国的商品出口在低价位上大量增加，这一点从生产的角度上看，意味着出口国既有的资源要向出口产品倾斜，这就有可能使国内消费者所需消费品及劳务的生产受到影响，导致其需求满足受挫，影响消费者利益。特别地，当倾销得以在短期内持续进行时，由于国际贸易中存在着大量的关税、技术壁垒、运输成本等各方面的障碍，以致产品虽然得以大量出口销售，但却不是企业生产效率高的表现，相反只会导致越来越多的资源浪费，即如果出口国减少倾销产品的生产，完全可能生产出更有效益更受欢迎的产品。

扰乱出口国市场秩序。由于倾销往往并非出口产品生产厂商劳动生产效率高的反映，因而其低价销售行为会创造一种虚假的竞争优势，引发国内其他生产厂商的过度竞争，这种过度竞争的后果，会使生产厂商过分关注产品价格而忽略非价格因素对质量与销售的影响，造成出口国生产物质和人力资源的浪费，容易引发低价竞争与价格大战，更助长假冒伪劣产品的泛滥，阻碍生产企业的科技进步，从而扰乱出口国国内市场的价格形成机制和产品竞争秩序。

倾销还可能导致出口国和进口国的经济贸易摩擦，难以实现和谐的经济共振。这是因为，一国向另一国倾销，从根本意义上说，是为了获取更多的经济利益，而遭受倾销的国家则会为了捍卫其经济利益不致流失而拒绝倾销，并实施反倾销。特别是当一国向另一国实施反倾销时，被反倾销的国家往往又会采取相同的做法，"还治其人之身"。这样，就会使进出口双方的关系趋于紧张，出现激烈的经济贸易摩擦，甚至针锋相对地彼此制裁，最终不利于和谐共泰的经济发展。[①]

（二）倾销对于进口国的经济效应

1. 倾销对进口国的积极效应

从积极效应方面看，倾销对进口国的唯一好处是进口国的消费者可以享受低价。因为价格倾销直接体现为低价，数量倾销也会由于供给大量增加，通过市场机制的作用而引发价格降低。所以，倾销使进口国家享受低价的结果是显而易见的。

2. 倾销对进口国的消极效应

倾销对进口国的直接危害。进口国国内那些生产制造与倾销产品相似或直接竞争的产品的生产企业是倾销进口产品对进口国经济影响的最明显的体现。倾销产品的涌入，使得消费者不愿购买本国产品，而把开支投到进口的倾销产品，这样就会造成进口国相关企业缩小或失去国内市场，利润下降，开工不足，工人失业甚至企业倒闭。进口国工业的损害程度通常取决于进口倾销产品的倾销幅度和倾销产品的进口数量。根据美国国际贸易委员会的分析，如果倾销的进口产品的市场份额增加5%，进口国的相应生产企业也会遭到同一百分比的损害。

倾销对进口国的潜在危害。根据美国著名《关税与贸易总协定》专家约翰·杰克逊教授的分析，倾销产品对进口国经济尚存在三种潜在的危害：（1）生产相似产品企业在无倾销进口产品情况下可能出现的增长被剥夺了，尽管国内企业保持着倾销产品进入前所占的相同百分比的市场份额，未出现逆转，但实际上他们已经失去了一个应予增长的市场份额；（2）对进口国国内与倾销产品无直接竞争关系的企业的损害，即指虽然进口国的产品不与倾销产品竞争，但由于进口产品价格低廉，消费者转向倾销的进口

① 白冰心. 探析倾销与反倾销的经济效应[J]. 现代商贸工业，2004（11）：55-58.

产品，减少或放弃了原来本拟购买的国内产品，从而使生产该产品的企业蒙受损害；（3）对进口国消费倾销产品的企业的损害。指进口国企业用倾销的进口产品作为原材料或零部件，生产另一制成品，因接受错误的低价信号，扩大了生产，当后来出口国停止了倾销，进口国企业就无法保持扩大了的规模生产。因此，造成了该企业在资源使用上的错误决定，酿成损失。

另外，倾销对第三国也会造成一定的影响。在自由贸易条件下，任何一个国家的国内市场都很难只被本国企业或某一外国的生产厂商所占有，通常都会有多个国家的生产厂商相互竞争，在进口国市场存在第三国出口产品竞争的情况下，倾销产品也会对第三国产生损害，即导致进口国对第三国产品的市场需求下降，使第三国在进口国的市场份额和利润减少，且与进口国所受到的影响有所不同的是，第三国生产厂商是在其国内消费者没有享受到低价倾销产品好处的情况下受到损害的。因此，与倾销产品竞争的第三国通常被视为只会从中蒙受损害，也正是由于这一原因，WTO《反倾销守则》对此也做出了规定，即第三国有权要求进口国对倾销的产品展开调查。

综上所述，倾销除了对出口国的积极效应较大外，对进口国和第三国的积极影响其少，更多的是直接的损害和潜在的威胁，因此，各个国家纷纷立法，采取相应的反倾销措施以保护本国市场。

五、反倾销的经济效应

反倾销作为一种贸易救济措施，已经被越来越多的国家滥用。据统计，1995—2016 年 6 月，对中国发起的反倾销案例一共 1170 起，其中1995 年的 20 起，2009 年 78 起，2015 年的 71 起，占同期世界总数的22.80%；对中国发起的反倾销案例占世界总发起的比例从 1995 年 12.74%增加到 2015 年 30.87%。中国对反倾销的应对从 1995 年的 27 起到 2015 年的 61 起，截至 2016 年 6 月一共 840 起，占世界的 25.33%；占世界总应对的比例从 1995 年的 22.50%到 2015 年的 33.70%。总体看，对中国发起和中国应对的反倾销案例接近世界 1/3，这将会对中国开放经济战略实施带来严重的负面冲击。①

（一）反倾销对进口国的经济效应

1. 进口贸易转移效应

进口国之所以进口某项产品的根本原因在于：进口国存在需求，这种需求是本国生产在量、质或结构上满足不了的，或者说是进口国自己生产该商品不具有国际比较优势，低效率地占用了进口国较为稀缺的资源，或者说这些资源被利用在其他产品上具有更强的比较优势，会占有更大的国际市场，从而获得更多的利益。当对进口的产品实施反倾销后，由于出口国对进口国市场的该产品，由于出口国对进口国的该产品供给量会减少，在对国内需求未减少的情况下市场价格会回到原来的较高水平，进口国生产同类产品或相似产品的产业则可以恢复并增加产量。短期看，反倾销起到了保护国内产业的目的。但从长期看，反倾销并没有改变本国生产的国际比较劣势，而是保护了这种比较劣势，由此产生的虚高的价格会吸引国外竞争者。

由于反倾销的申诉，调查以及最后征收的反倾销税，都是针对具体的进口来源地的不公平的贸易行为，并按照裁定的倾销幅度来决定反倾销税率的高低，反倾销具体措施的执行仅针对部分国外出口企业，即使这部分国外出口企业，也分别面对不同强度的反倾销措施。

事实上，只要某个进口国针对某一商品的对外关税不一致，贸易转移就可能发生。由此，针对特定出口国的反倾销措施必导致贸易转移效应的产生。首先，只针对部分企业征收高额的反倾销税，其他非对象企业的关税就相对下降，增强了他们的价格竞争力，由此会增加出口量，这样，必然会产生贸易转移。其次，反倾销措施会导致进口价格和国内价格的上升，这又会刺激那些潜在国外出口商对反倾销国的出口。反倾销保护引发

---

① 张建武. 中国和东盟反倾销发生的原因和影响因素研究[J]. 亚太安全与海洋研究，2017（6）：15-24.

的贸易转移效应，使得进口来源可以由被指控存在倾销的出口企业，转移到未遭受指控的其他出口企业。这就导致了反倾销保护的实施效果未必达到进口国的预期目标，真正受益的可能不是进口国的进口竞争产业，而是那些未遭到反倾销调查的其他国家的出口企业。

2. 出口贸易转移效应

进口国对最终产品采取反倾销措施，进口国增加的该产品的产量，由于反倾销的商品往往是本国缺少国际比较优势的商品，反倾销后增加的产量仅仅只能在进口国本国的市场销售，增加产量对进口国的出口贸易不会产生多大贡献。

进口国对进口的中间上游产品采取反倾销措施，会抬高以这种上游中间产品为原材料生产的下游产品的生产成本，削弱其国际市场的竞争力，其出口市场会被其他国家有竞争力的同类产品所取代或部分地被取代，出口贸易发生不利于本国的贸易转移。

3. 产业结构调整滞后效应

按照反倾销所针对的不同保护对象，可以将其划分为针对初级或者中间（上游）产品的反倾销保护，以及针对最终（下游）产品的反倾销保护。反倾销的"继发性保护"效应是指，当上游产业获得了反倾销保护后，这种保护会从上游产业延展到同其垂直相联的下游产业。这种延展背后的经济学动因，就是反倾销措施对上游产品的保护，加大了将上游产品作为投入品的下游产业的生产成本，从而降低了下游产业的竞争力。在满足一定条件的情况下，下游产业也会进行反倾销申诉，当这种申诉的保护被授予时，最初由上游产业提起的反倾销就产生了继发性保护效应。从贸易保护的政治经济学角度来看，某个行业是否申诉反倾销保护，取决于获得保护的预期收益。当上游产品获得保护后，由于下游行业寻求保护的预期收益发生了改变，其对保护的需求也发生了变化；另外，由于反倾销保护制度方面的因素，导致在上游行业获得保护后，对下游行业的保护供给也发生了变化。这就导致了反倾销措施从上游行业向下游行业的扩散。

继发性保护扩散效应具体体现在3个方面：

（1）上游产业获得保护后，上游产业从保护中获得的净收益要通过下游产业的购买来实现，客观上就要求对下游产业也进行保护，否则，上游产业反倾销后价格提高，引起下游产业产出量的减少以及由此导致的下游产业收入的降低，将会对上游产品的引致需求（derived demand）产生负面影响。即上游产业寻求保护的目的是为了维护自己的产品在国内市场的销售量，可是上游产品总体价格水平的上升，增加了下游产业投入品的价格，损害了下游企业的竞争力，导致了其产量下降，而这反过来又会减少下游产业对上游产品的需求量。这在一定程度上抵消了进口国对上游产品采取反倾销行动的效果，限制了上游产业从保护中获得的收益；此时，如果对国内的下游产业也采取保护措施，维持本国下游产业的竞争力及其产量，那么就可以消除这种负效应。因此，上游产业对下游产业寻求保护一般会采取支持的态度。

（2）对上游产业的保护，会改变本国下游产品市场对贸易保护的需求。对贸易保护的需求，取决于获得保护所能带来的预期收益的增加。当下游产品在国内市场上面临激烈的市场竞争时，上游产业的保护，将使得前者产生更多的寻求保护的需求。

（3）对上游产业的保护，会改变本国反倾销当局对下游产品市场提供贸易保护的供给。反倾销措施的供给要受到一定实施条件的约束。按照反倾销国际规则以及各国立法的规定，实施反倾销必须确定外国出口企业的倾销行为、对本国产业造成的损害以及两者之间的因果关系。

总之，对上游产业的保护就是通过对这3个要件的影响，来改变本国政府对下游产业的反倾销保护供给。上游产业获得反倾销保护对下游产品的国外出口企业的行为不会产生影响，然而，事实上，各国反倾销当局在对本国产业受到的损害状况进行判断时，往往借助于企业利润率、就业量以及产出量等指标来衡量。在其他条件保持不变的情况下，对上游产业的保护，将对刚刚提到的所有指标产生负面影响，从而将增加反倾销调查中确定下游产业受到了实质性损害的几率。与此同时，下游产品价格的上升，又会引起下游产品进口量的增加。因此，在倾销与损害的因果检验中，尽管上述的下游产业受到的损害很大程度上是由于进口国对上游产业的保护所致，但是由于反倾销规则及各国立法对倾销与损害的因果关系的要求标准越来越低，并且此时下游产品进口量的增多，都会加大反倾销当局对下游产业的反倾销保护供给。

简言之，反倾销措施在上下游产业间会产生显著的继发性保护扩散效应，上游产业获得反倾销保护后，随之引起的"损害传递"（transmission of injury）会同时加大下游产业对反倾销保护的需求，以及其获得反倾销保护的几率。

在经济全球化的背景下，各国产业结构的调整需要更多地考虑国际分工的因素，只有顺应国际分工的要求，各国产业结构的调整才是合理的，它们的经济资源才有可能实现最佳配置。而实施强制性的反倾销措施，会破坏业已形成的国际分工，因为反倾销保护的通常是进口国落后的没有竞争优势的传统产业，由于存在产业继发性保护扩散效应，反倾销引发的保护扩散效应，会使保护落后的效应得到扩散。这样的保护，会阻碍进口国产业结构的调整：一方面，落后的传统产业因为受到保护而形成了很强的依赖性，发展的动力不足，这些产业自身不会有所进步；另一方面，落后的传统产业低效率地占用了一部分稀缺的经济资源，在一定程度上又制约了其他新兴产业的发展，会发生本国产业结构调整滞后效应。

4. 社会净福利损失效应

如图 3-1 所示，可以分析出征收反倾销税后对进口国产生的福利损失。图中，为一出口厂商在一国的销售市场。被征收反倾销税 t 后，出口商的边际成本变为：MC+t，按其利润最大化原则在该市场的销售量由 Q[Q1, 0] 减少为 Q[Q2, 1] 价格则由 P[P0, 0] 上升为 P[P1, 1]。为便于比较，把面积 c 向上平移，使 c=a+b。由于价格上升会使出口商生产剩余减少 a+e （即 （a+f+c+e）-（a+b+f）），消费者剩余减少 b+d，政府征税增加 c=a+b，其中 a 部分来自出口商剩余的转移，b 部分来自本国消费者剩余的转移。社会净福利损失 d。因此征税造成了进口国社会福利的下降。

反倾销是以牺牲国内消费者和其他商品生产者的利益为代价，它仅仅保护特定商品的生产者。而反倾销税作为一种附加关税，只是使该产品或类似产品的生产者的利益得到了保护。

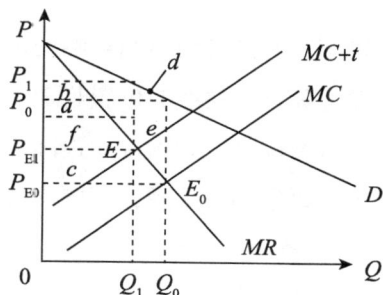

图 3-1　反倾销的经济效应

按照自由贸易增加社会总福利的理论，反倾销会使进口国整体福利水平下降，产生社会净福利损失。

由于反倾销措施使出口商的出口商品价格竞争力降低、销售量减少，这使进口竞争厂商获得好处。但就消费者而言，由于国内供给的减少和商品价格的上升而使其利益受到损害，尤其当国内竞争厂商是垄断者时，消费者只能接受垄断价格，即使政府把反倾销税全部返还给消费者也不能起很大的作用。因此，反倾销措施对进口国的总体影响，将取决于本国竞争厂商多获得的收益与消费者损失的对比。一般认为，对出口国采取一律制裁的办法，其对进口国的有效性是相当有限的。如在平衡国际收支，由于反倾销容易导致对方国家的贸易报复，会减少反倾销的出口，这样反倾销就不能起到国际收支平衡的作用。

5．反竞争效应

对进口竞争厂商的保护表明反倾销政策具有强烈的反竞争效应。这种反竞争效应表现为：（1）迫使外国出口商为避免起诉而不得不提高价格，保护本国竞争者；（2）在一些竞争已成为世界性的行业，反倾销措施保护本国企业在本国市场的世袭领地；（3）反倾销使本国某些行业产生垄断。总之，反倾销措施导致国家权力被用来保护某些进口竞争者的私人利益，其代价是消费者和中间生产者的利益受到损害。[①]

(二) 对出口国的经济效应

进口国采取反倾销措施，直接受到不利影响的就是出口商。当进口国征收反倾销税时，出口商边际成本曲线的位置将向上产生移动，从而出口的边际成本也将增加。出口商按照边际收益和边际成本相等的原则组织生产，其生产的总产量和出口数量都将下降，其国内价格和消费者福利将因此受到影响。

1. 对出口贸易的影响

出口国产品遭遇进口国反倾销时，出口国产品在进口国的市场将会迅速地缩小，甚至很快就会被迫退出进口国市场，这也是进口国采取反倾销的目的所在。恶性影响往往不止于此：一是，反倾销还具有一定的回馈效应，一个国家对出口国的产品采取反倾销措施，常常会有另外一个或几个国家回应、跟进，会就同样的产品提出反倾销。特别是目前国际经济格局呈现出区域化、一体化的趋势，一旦出口国产品遭到进口国的反倾销，就意味着出口国的产品将很可能要失去进口国所属经济体的全部市场。二是，由于许多国家采用原产地原则，出口国产品遭受反倾销，不但会影响到产品的直接出口，还会进一步殃及到产品的转口，造成转口产品不能出口，反倾销对出口国出口贸易的影响具有非常大的破坏性作用。

2. 对产业结构的影响

反倾销保护的是进口国落后和衰败的产业，打击的却是出口国具有国际比较优势的产业，这些产业往往在出口国经济中占有举足轻重的地位，在整个产业结构中担负重要的支撑作用。出口国遭受反倾销的产业，其大量的出口产品只有转回头来再投入出口国本国市场上来，与本国原有的产品抢夺市场，这势必造成市场供求失衡，价格下跌，以至于产品严重积压，大批工厂被迫停产，最后的结果就是这些产业长期一蹶不振。

---

① 刘迅. 中国实施对外反倾销的经济效应分析及对策研究[D]. 中国海洋大学，2006.

3. 对规模经济的影响

规模经济是指由于生产规模扩大而导致长期平均成本下降的情况。具有规模节约的企业，在一个相当大的产量范围内，随着产量的增加，单位产品的成本递减，企业具有贸易优势。但规模节约的实现与市场容量有密切关系。如果市场广阔，则它的制造业就有条件进行大规模生产，提高经营效率，降低成本，实现规模节约，取得比较优势，产品出口到国际市场上就具有竞争能力；反之，则相反。而反倾销则会造成市场缩小，降低一国制造业规模经济水平，从而导致利润率下降。

4. 对利用外资的影响

反倾销会对出口国利用外资造成不良影响。以我国为例，我国被诉企业既有国有企业，也有三资企业，包括来料加工、来样加工和来件装配等产品。反倾销的结果会使得三资企业逐渐减少或丧失海外市场份额，危及外商投资者的经济效益，这样势必会影响外商对我国投资的信心，甚至有可能从我国撤资，从而对我国扩大利用外资产生恶性影响，产生投资替代贸易效应。

反倾销领域同样也体现了国际直接投资和国际贸易的紧密关联。国际直接投资和国际贸易存在一定的替代关系。这种关系反映在反倾销领域，表现为反倾销会产生出口国通过对实施反倾销的进口国进行直接投资来替代对进口国的出口，达到在进口国市场销售的目的。从实施反倾销的进口国来看，表现为接受外来的直接投资替代了对投资国商品的进口。国际直接投资一般可分为资源寻求型、市场寻求型、突破贸易壁垒型、劳动成本寻求型投资等几种类型。其中突破贸易壁垒型投资替代出口贸易的特征最为明显，突破贸易壁垒型投资是指跨国公司为了突破东道国旨在限制对其商品的进口而设置的关税壁垒和非关税壁垒，而进行的对外直接投资。这种为了突破贸易壁垒的投资，替代了出口企业对东道国原有的出口。进口国的反倾销保护对出口国而言，就是一种贸易壁垒，它的存在也激励了出口企业通过在进口国投资设厂，或者在未遭受反倾销指控的第三国投资设厂，然后再出口等方式来规避反倾销。由此产生了反倾销保护的投资替代进口效应。这种行为的结果会导致进口国国内竞争的加剧，从而可能使得国内生产商面临更加糟糕的境况。

我国对外实施的反倾销行动同样也引发了投资替代贸易效应。以受到反倾销措施保护最为频繁的我国化工行业为例，针对进口化工产品的反倾销调查，在阻止了国外大量化工产品进入我国市场的同时，也在一定程度上促进了该领域的外商直接投资。2002 年 5 月，中国对自美国、日本和韩国进口的甲苯二异氰酸酯发起了反倾销调查，并终裁征收反倾销税。2004 年 3 月底，美国亨斯曼公司（Huntsman）与德国巴斯夫公司、中国石化股份公司等合资建设的联合异氰酸酯项目在上海动工，项目建成后每年可生产甲苯二异氰酸酯 16 万吨。此外，在钢铁行业，反倾销措施同样引发了投资替代贸易效应，我国 2000 年 12 月对日本日新制钢株式会社和韩国浦项综合制铁株式会社出口的不锈钢冷轧薄板实施了反倾销措施，2002 年 10 月，上述两个公司双双到华投资。

上述分析表明，反倾销行政程序的无形威慑作用，以及具体反倾销税的征收，都在很大程度上促进了出口企业对实施反倾销的进口国进行直接投资以规避其反倾销保护。这种投资替代贸易效应，不仅削弱了反倾销保护国内产业的效果，甚至可能给进口国市场带来更为激烈的国内竞争。这完全背离了反倾销保护实施的目的，更加重了实施反倾销保护的成本。

很多国家在实施反倾销措施时，其目的不仅仅是保护本国产业免受不公平竞争的损害，而是要报复其他国家对本国出口产品实施的反倾销限制，以此"以牙还牙"的方式来遏制其他国家滥用反倾销措施，保护本国的出口利益，即当一国实施反倾销行动后，将引发国家间的报复效应。[①]

六、反倾销的程序与步骤

根据国际反倾销协议的有关规定，采取反倾销行动时要遵循既定的法律程序。这些程序规则包括反倾销诉讼的提起、调查、裁定、采取临时措

---

① 王鹏. 国际倾销的经济效应浅析[J]. 内蒙古科技与经济, 2006 (11): 21-22.

施、价格承诺以及征收最终反倾销税等。大致可以分为三个阶段。①

（一）起诉及立案调查

根据我国《反倾销条例》的规定，国内产业或者代表国内产业的自然人、法人或者有关组织，可以依照条例的规定向调查单位提出反倾销调查的书面申请。在特殊情形下，调查单位没有受到反倾销调查的书面申请，但有充分证据认为存在倾销和损害以及二者之间有因果关系的，也可以决定立案调查，即所谓的"自主立案"。调查单位在对申请书及证据材料签收之日起60天内，决定是否对案件立案调查。

（二）初裁

反倾销立案以后，就进入调查阶段。反倾销调查的方式有多种，主要有：向利害关系方发放调查问卷、进行抽样调查、听证会、现场核查、向有关利害关系方提供陈述意见和论据的机会等。但我国《反倾销条例》对多长时间内收回问卷没有明确规定。如果初裁决定认为：倾销、损害两者之间的因果关系中的任何一项结论是否定性的，则反倾销调查应当终止。如果初步裁定为肯定性，反倾销案件将继续进行。对此可以采取两种临时反倾销措施：（1）征收临时反倾销税；（2）要求提供现金保证金、保函或者其他形式的担保。临时反倾销措施实施的期限，自临时反倾销措施决定公告规定实施之日起，不超过4个月；在特殊情形下，可以延长至9个月。对于应在多少天的时间内做出初裁，我国并未明确规定。只是规定，反倾销调查应当自立案调查决定公告之日起12个月（包括终裁时间在内）内结束；特殊情况下可以延长，但延长期不得超过6个月。

（三）终裁

在肯定初裁决定做出后，调查单位将对案件进行进一步的调查，并根

---

① 马志华.反倾销程序法比较研究［D］.中国政法大学，2008.

据调查结果做出终裁决定，予以公告。如果最终裁定是否定性的，则调查程序结束；如果是肯定性的，则可以按照规定程序征收反倾销税。

第二节　主要国家和地区反倾销的比较分析

一、美国反倾销程序法

1. 反倾销机构

按照美国现行反倾销法规定，负责反倾销调查有两个相互独立的行政机构，即美国商务部和美国国际贸易委员会。[①]

2. 立案调查和裁决

按照美国反倾销法规定，反倾销调查可以基于两种情况发起：一是商务部自己已掌握了进口产品存在倾销的证据，并在联邦公报上发布反倾销调查的通告而开始；二是申诉人向商务部和贸委会同时提出书面申请后而开始。

3. 行政审查

行政审查的内容主要有：被实施反倾销税后的涉诉产品是否仍在倾销以及倾销幅度大小；已达成的"中止协议"是否得到切实遵守。

4. 司法审查制度

美国负责司法审查的机构是国际贸易法院和联邦巡回上诉法院。反倾销案的任何当事方可以对商务部或贸委会的裁决不服向国际贸易法院起诉，要求进行司法审查。如果有关当事方对国际贸易法院的判决不服还可向联邦巡回上诉法院上诉。

至于倾销幅度的计算，美国也不同于欧盟。

美国使用的倾销幅度计算公式为：

[①]　美国反倾销法定义为所谓非市场经济国家是指由美国商务部确定的那些不按成本和价格结构的市场规则运作，商品在该国的销售不反映其公平价值的国家。

倾销幅度=[正常价值-出口价格（出厂价)]/出口价格（FOB，离岸价)

欧盟使用的倾销幅度计算公式为：

倾销幅度<正常价值-出口价格（出厂价)]/出口价格（CIF，到岸价)

由于通常离岸价低于到岸价，所以总体看，在美国公式中倾销幅度高于欧盟倾销幅度计算公式。

二、欧盟反倾销程序法

1. 反倾销机构

欧盟主理反倾销事务的机构有三个，即欧盟委员会（简称欧委会），欧盟理事会（简称欧理会），以及欧盟咨询委员会（简称咨委会）。

2. 立案调查和裁决

立案可基于两种方式进行；一是欧委会认为有充分的证据表明某项进口产品存在倾销并造成损害，欧委会自行直接决定立案；二是根据欧盟内部工业及其代表的申诉而决定立案。调查主要有两种形式：一是发放调查问卷，二是现场核查。欧委会经过调查并征询咨委会后，做出初裁决定。欧委会应将其所做出的结果裁定通知有关当事方并发布公告。在继续调查过程中，由于与出口商达成价格承诺或停止出口的协议，则应决定暂时中止调查程序。在理论上讲，继续调查后的终裁应在临时措施有效期届满前做出。

3. 行政审查

行政审查主要包括日落条款的审查和新进口审查。

4. 司法审查制度

在欧盟，目前负责对有关反倾销利害关系人起诉的反倾销行政裁决案进行司法审查的机构有两个，即欧洲初审法院和欧洲法院。从 1994 年 3 月起，初审法院对欧盟反倾销措施行使管辖权，而欧洲法院则是初审法院的上诉法院。[①]

---

① 刘辉. 入世后中国企业应对倾销与反倾销的战略研究[D]，河北大学，2003.

　　总体看，欧盟现有的反倾销法在会计准则差异问题上并未明确是倾向于形式趋同还是实务趋同。尽管 1995 年欧盟规定在原则上按照应诉企业"符合有关国家普遍会计原则"的记录来计算成本，但 1998 年修正案要求我国应诉企业单独申请市场经济地位需满足五项标准，其中标准二规定：应诉企业必须有一套清晰的基础会计记录，且按照国际会计准则进行过独立审计，能适用于所有场合与目的。仅从规定内容上看，欧盟是要求中国会计准则在内容和条款上与国际会计准则趋同（准则制定），还是允许因国情特点而存在的内容和条款上的差异，但要求中国应诉企业的会计实务与国际趋同（准则执行），即在两者的倾向上，欧盟并未在现有反倾销法律框架上进行明确和解释，这也是导致中国现有关于会计准则对反倾销影响的研究存在两种倾向认识的原因。

三、日本反倾销程序法

1. 反倾销机构

　　日本负责反倾销事务的机构有三个，即财务省（原大藏省）、受到倾销损害的相关产业主管省以及经济产业省这三个部门。大藏省、通产省和管辖投诉商品之本国产业的省的负责部门共同组成的。日本没有美国国际贸易委员会（ITC）这样的独立行政机构，也没有欧共体委员会反倾销处这样的常设机构。因此，这三省常常意见不完全一致，在效率上存在许多问题。

2. 立案调查和裁决

　　"本国产业"指与倾销进口货物同种类货物的生产量占国内总生产量50%以上的生产者，或者不属于与出口商或进口商有利害关系的生产者，或者兼营倾销货物进口的生产者。投诉人提出的材料必须具备有倾销货物的进口事实（即价格条件），该进口对本国产业造成的实质性损害的事实（损害条件）方面的充分证据。日本一般把开始调查前的两个月之前的一年作为调查对象期限，时间比美国和欧共体的规定要长。当利害关系人对调查不协助或进行妨碍时，日本政府可以根据收集的事实进行认定裁决。

调查结束后，价格、损害条件、因果关系和必要性均被认为成立以后，日本政府在向关税税率审议会进行咨询的基础上，可以征收倾销范围内的关税。终裁通过指定货物、出口国实现征税。终裁期限在日本法律上没有明确规定，在复查并宣布废止终裁之前，终裁始终有效，另外日本可以不做初裁直接终裁。

3. 审查

在终裁结果做出后，出口价格、正常价格，对本国产业的损害状况等也会发生变化，因此存在着日本政府复查的可能性。

4. 司法审查

对反倾销税终裁决定不符时，可以利用国际法上的手段进行申诉。根据协议第 15 条规定，由出口国政府向关贸总协定倾销委员会进行申诉，请其进行调解。但是这些国际法上的手段只有关贸总协定缔约国之间才能适用。①

四、中国反倾销程序法

我国的反倾销立法酝酿于 80 年代初，到目前为止，立法的发展过程可以简单划分为酝酿立法阶段、初创立法阶段和法律完善发展阶段。② 从立法体例来看，我国的反倾销立法参照国际通行做法，采用了实体法与程序法合并立法的模式。

（一）反倾销机构

依照条例的规定，我国反倾销主管机关涉及四个部门，即商务部、国务院关税税则委员会、海关总署和农业部。其中负责调查工作的主要是商务部。

---

① 王承斌. 西方国家反倾销法与实务[M]. 北京：对外经济贸易大学出版社，1996.
② 80 年代初，在酝酿起草《中华人民共和国对外贸易法》时，就决定仿照关贸总协定第六条制定我国的反倾销法律，这就是现在对外贸易法中的第 41 条的规定。2004 年 3 月 31 日，国务院第 401 号令颁布了新修订的《中华人民共和国反倾销和反补贴条例》。

（1）商务部负责受理申请人的申请，并对申请书及所附具的证据进行审查，决定是否立案。也可自行立案，做出有关倾销的初裁、终裁，裁定提供现金保证或其他形式担保；公告有关事项并通知利害关系人，决定是否中止或接受反倾销调查等。

（2）涉及农产品的反倾销国内产业损害调查，由商业部会同农业部进行。

（3）国务院关税税则委员会负责决定是否采取反倾销临时措施和是否征收反倾销税。

（4）海关负责对临时反倾销税及现金担保、退税和反倾销税征收的具体执行。

（二）立案调查和裁决

立案，商务部收到申请人的书面申请后，应当对申请书及所附具的证据进行审查，决定立案调查或者不立案调查。遇有特殊情形，商务部有充分证据认为存在倾销和损害以及二者之间有因果关系的，可自行立案调查。商务部应当自收到申请书之日起60天内做出立案或者不立案调查的决定予以公告，并通知申请人、已知的出口经营者和进口经营者、出口国政府等利害关系人。事实上，广义的价格承诺应该包括出口商或其政府所做出的提高出口价格的承诺、减少出口数量的承诺和停止出口的承诺三个部分。我国法律仅就提高出口价格的承诺做了规定，对其他两种都未涉及。商务部根据调查结果在12个月做出最终裁定（特殊情况可再延期6个月）并予以公告。如果终裁倾销成立并由此对国内产业造成损害的，则按规定程序征收反倾销税。

（三）行政审查

我国反倾销条例规定了"日落条款"的内容。在征收反倾销税或价格承诺生效后的5年期限内，商务部可以自行或者应利害关系人的请求对征收反倾销税的决定继续执行的必要性或价格承诺继续履行的必要性进行复审。

（四）司法审查制度

我国反倾销条例规定，对终裁决定、复审决定、追溯征税决定、退税，对新出口商征税的决定不服的，可申请行政复议，也可以向人民法院起诉。这是我国条例中唯一一条有关反倾销司法审查的规定。2002 年 11 月 21 日颁布了《最高人民法院关于审理反倾销行政案件应用法律若干问题的规定》，对受案范围、管辖、法律适用、程序等问题做出了原则规定。

第四章 公允价值认定歧义：
主要国家反倾销比较

各国对反倾销方面的偏差，固然有立法因素在里面，但也同各国在公允价值认定方面的偏差有一定关系。

第一节　国际贸易正常价值确定

反倾销条款中有关"正常价值"的认定明显不同，具有明显的主观随意性，尤其是在正常价值认定方法方面，明显体现了各国在公允价值认定方面的不同。

一、生产要素法

生产要素法是美国在"波兰电动高尔夫球车"案中最先确立的方法，并在《1979年贸易协议法》中作为仅次于"替代国"的一种方法，但在美国《1988年综合贸易与竞争法》中该方法则被置于优先于"替代国"的首选方法。[①] 欧盟反倾销法中规定来自非市场经济国家产品的正常价值确定方法，除了使用类比国价格，还可以使用该产品的构成价格，该种方法即美国最先确立的生产要素方法。

但从具体操作来说，美国商务部的做法压根没有按照国际公允价值认定的基本原则进行，并没有按照正常交易、脱手价格、市场参与者、参考市场等基本原则进行认定。

首先，美国商务部要确定非市场经济国家产品生产要素的实际投入，包括劳动时间、产品使用的原材料数量、能源投入及其他设备的消耗以及资金的实际投入，产品要素投入数据来自非市场经济国家被控企业本

---

① 杨青. 欧美反倾销中非市场经济规则比较研究[D]. 西南政法大学，2008.

身；然后，商务部选择一个市场经济第三国作为参照模型，使用该国相同或类似产品的实际价格乘以非市场经济国家生产要素投入的量化指标计算出生产成本，在该生产成本的基础上，再加上固定折算的管理费用、利润及其他费用，通过调整计算出产品的正常价值。[1]

第二步，美国商务部选择一个市场经济第三国作为参照模型，使用该国相同或类似产品的实际价格乘以国家生产要素投入的量化指标计算出生产成本。在该生产成本的基础上，再加上固定折算的管理费用、利润及其他费用，通过调整计算出产品的正常价值。"生产要素"方法与替代国方法相同的是两者都要借助一个经济发展水平与该非市场经济国家相当的市场经济国家来计算产品的正常价值。

但不同的是，替代国方法运用的所有数据（包括要素投入与产品价格或者成本）都来自于一个市场经济第三国，而且该替代国必须生产"同类"产品而"生产要素法"中的产品要素投入数据则来自于非市场经济国家，被控倾销企业的产品价格或成本数据则来源于一个市场经济第三国。[2]生产要素方法诞生之初波兰高尔夫球车案，当时美国的财政部认为参照国不必实际生产或者出口同类或相似产品，主管部门只需比较不同生产要素的成本即可推导出产品的结构正常价值。但《1988年综合贸易与竞争法》修改了这一做法，要求被选择的替代国必须实际生产被控倾销的产品。其目的是更加准确地评估产品的真实生产成本。由于"替代国"方法被普遍认为具有不可预见性和过于专断，而且在实践中商务部经常会面临被选择的参照国不合作拒绝提供相关产品数据的困境。

因此，当《1988年综合贸易与竞争法》将"生产要素方法"置于优先于"替代国方法"时，有学者认为这是"值得肯定的进步"。因为该方法较之于替代国方法更具"有可预见性，而且更多基于非市场经济国家的实际数据"。但也有观点认为这只不过是"换汤不换药"，因为采用该法规定的任何一种方法确定"非市场经济国家"出口产品的正常价值都会带来

① 陈力. 国际贸易救济法律制度中的非市场经济规则[M]. 上海：上海人民出版社，2007.
② 汪苗. 美国对华实施"双反"措施问题研究[D]. 厦门大学硕士论文，2008.

不可预见的结果并导致较高的反倾销幅度。①

　　虽然美国 1988 年贸易法规定了采用"生产要素方法"确定国家产品的正常价值，但是该法律关于"替代国"选择问题的规定过于原则，实践中给主管的商务部以极大的自由裁量权。例如替代国选择中的几个关键概念和术语"可比较的经济发展水平"、"可比较的产品"，以及"重要的生产商"等在 1988 年贸易法中都没有做出明确的界定。很多年来，在替代国的选择上，商务部享有完全的自由裁量权。直到 2004 年 3 月 1 日，美国商务部进口管理局才发布了关于替代国选择的指导意见，就上述几项关键术语进行解释。首先，关于经济发展水平的可比性。美国商务部认为国会立法并没有要求所选择的替代国必须是与哪些经济发展水平"最具有可比性"的国家。通常美国商务部所选择的替代国的经济发展水平是建立在"人均国民生产总值"的基础之上，该数据应以世界银行的年度发展报告作为依据。

　　此外，美国商务部的政策办公室还有一份潜在的替代国名单，这些国家的排名不分先后，被视为平等的替代国的候选国。除了国家本身不能作为另一个国家的替代国以外，政策办公室还排除了虽为市场经济国家但不适合成为替代国的国家，例如古巴。

　　其次，关于产品的可比性。美国商务部认为该问题最好采用个案分析的方法加以解决。但仍有一些共同的判断标准。首先，在任何案件中，如果制造的产品是相同的，则该国就应当被视为可比产品的生产者在生产不完全相同的类似产品时则要考虑产品的物理特征以及该产品的附加值的高低。例如，如果圆型钢管为涉案产品，则长方形钢管、热轧钢板、钢丝棒、钢丝绳、钢条以及钢构件等由于都属于低附加值产品，原材料使用、能源投入和加工程序相似因而可以被视为相似的可比产品。同样的方法还可以被用于判断化工产品和其他工业制品。例如裁纸机、消防器、蜡烛、

---

① 陈力. 美国反倾销之"非市场经济"规则研究[J]. 美国研究，2006（3）：77-93.

铅笔、玩具、鞋类、礼品盒、折叠金属桌椅等产品。①

对于其他产品，如果该产品的某一要素投入较为特殊或者较为密集的情况下，例如加工的农产品或矿产品等可比较的产品则应当被限定在较窄的范围之内，主要应当考虑产品的主要要素投入，例如能源的投入等。

第三，关于"重要的生产商"。同样的，美国商务部认为判断"重要生产商"也应该采用个案审查的方法，而不应当设定统一的标准。美国商务部的判断应当考虑可比产品的世界产量和贸易量的排序情况。例如，如果世界上只有三家可比产品的生产商，那么任何具有商业意义的生产都是重要的，而周期性的生产就不具有重要性，如果有十家大型生产商和若干小型生产商，则"重要的生产商"应指十家大型生产商中的任何一家，如果除了上述生产商以外还有若干中型生产商，则"重要生产商"应当指十家大型生产商或者中型生产商之一。当从可比产品的主要生产国无法获得充分数据的情况下，"重要生产商"应当指产品的净出口国，即便该替代国并非世界上最主要的该商品的生产国。

由于判断"重要生产商"很大程度上取决于可获得的数据，因此判断某一国家是否"重要产品的生产商"的裁量权就完全由商务部行使。美国商务部应当向政府相关专家咨询，以便获得相关的实际数据。此外，美国商务部还可以从非政府组织或者相关的国际贸易或行业协会处获取相关的信息来源。在某些情况下，没有一个被视为具有经济可比性的国家是"重要产品的生产国"，或者多个国家都符合两种标准，但商务部缺乏充分的数据来确定其中任何一个国家为主要的替代国。

在这种情况下，调查团队应该向政策办公室请求提供第二套潜在替代国的名单，然后再重新按照上述标准选择出合适的替代国。最后，关于"考虑的数据"，如果多个国家通过了上述的选择程序，拥有最佳要素数据的国家将入选首要的替代国。即使在经济发展水平和重要生产商等问题上

---

① 美国对华产品适用反补贴法中的行政方法机制创新[EB/OL]. http://www.docin.com/p-1765870407.html.

没有产生任何异议，数据的质量也是决定替代国选择的关键因素。

如果关键的要素价格数据不充分或者无法获得的情况下，即使候选国的经济发展水平与被调查的国家相当，同时还是重要的生产商也不能成为真正的替代国。通常，美国商务部在选择替代国时首先会考虑经济发展水平的可比性，然后才考虑产品的可比性和是否重要的生产商。但在特殊情况下，美国商务部将首先考虑"可比产品的重要生产商"这一因素，其次才考虑经济发展水平的可比性问题。

这种例外主要发生在产品本身比较特殊或者独一无二的情况（例如仅在个别国家生产的小龙虾）以及该产品的主要要素投入缺乏广泛的国际交易（例如镁的主要要素投入为电力）的情况之下。之所以将是否为"重要生产商"的要求放在首位，主要是为了避免选择那些主要要素投入没有交易或很少交易的情况，排除该国成为可比产品的竞争生产者的国家作为替代国。在这种情况下，商务部首先要在专家咨询和利害关系方评论的基础上，确定可比产品的重要生产商的要求得到满足，然后再考虑经济的可比性要求。

如果重要生产商所属国在经济发展水平上与被调查的国家相差甚远，但从这些国家可以获得必要的要素数据，则商务部将选择那个在人均国民生产总值与被调查国家最接近的国家作为替代国。如果重要产品的生产国在经济发展水平上与国家接近，而且又在候选替代国名单中，则商务部将选择拥有最佳要素数据的国家作为替代国。如果只有一个国家满足了重要生产商和相关数据上的要求，则该国将被选为替代国。

尽管"替代国"方法和"生产要素"方法都试图适用一个经济发展水平与非市场经济国家相似的市场经济国家企业的生产成本作为计算正常价值的基础，但事实上不同国家的产品成本是无法相互替代的。每个国家在生产要素上都有自己的比较优势，生产商总会尽量使用其具有优势的生产要素，从而降低产品的成本，因此从这个意义上说，将非市场经济国家产品要素的投入数据与具有不同成本结构的第三国的要素价格联系在一起，只会导致较高的倾销幅度的裁定。

二、原产地判定法

原产地规则不仅用于进行贸易统计和方便海关征税，而且也是实施其他贸易措施所必不可少的手段，如反倾销措施、反补贴措施、保障措施、政府采购等，都需要确定货物的原产地。原产地规则在反倾销法中起着重要的作用。反倾销调查和反倾销税是针对特定国家的特定产品进行的，因此一项产品的原产地判定问题就构成了反倾销诉讼中一个必不可少的组成部分。[①]

《反倾销协议》（全称为《关于实施 1994 年关税与贸易总协定第 6 条的协定》）规定"如一产品自一国出口至另一国的出口价格低于在正常贸易过程中，出口国供消费的同类产品的可比价格，即以低于正常价值的价格进入另一国的商业，则该产品被视为倾销。"倾销幅度为正常价值与出口价格的差额，因而要确定是否存在倾销，则要确定进口产品的正常价值和出口价格。

GATT 第 6 条规定，正常价值为：（1）正常贸易过程中在出口国中供国内消费时的可比价格；或（2）如无此种国内价格，则是正常贸易过程中同类产品出口至第三国的最高可比价格；或该产品在原产国的生产成本加上合理的销售成本和利润。各国都规定了与 GATT 第 6 条以及《反倾销协议》相同或相似的确定正常价值的方法。

我国的《反倾销条例》第 4 条规定，正常价值按照以下顺序来确定：（1）进口产品的同类产品，在出口国（地区）国内市场的正常贸易过程中的可比价格；（2）如出口国（地区）国内市场的正常贸易过程中，没有销售的或者该同类产品的价格、数量不能据以进行公平比较的，则以该同类产品出口到一个适当第三国（地区）的可比价格，或者以该同类产品在原产国（地区）的生产成本加合理利润为正常价值。

从上述确定进口产品的正常价值的规定看，正常价值的确定离不开对

---

① 林丽虹. 论原产地规则在反倾销法中的运用[J]. 中南民族大学学报（人文社会科学版），2004（24）：100-102.

进口产品的"出口国"和"原产国"的确定，这实质上就是确定进口产品的原产地问题。首先，应理清"出口国"和"原产国"两个概念的关系。一般就海关征税而言，出口国就是原产国，产品的最后启运国即来源国是没有意义的。[①] 海关在对进口产品计征关税时，一般按照产品所贴的原产地标记或根据非优惠性原产地规则来确定产品的原产地，将确定的原产国视为出口国，从而确定应适用的关税税率，在海关征税技术上，出口国一般是原产国。非优惠性原产地规则不仅适用于海关征税，而且也适用于反倾销法。反倾销法仍然需要采用有关的海关征税技术，如海关估价和原产地规则等。《欧盟反倾销规则》第1条第3款就规定："出口国通常应该是原产地国。"因而，在反倾销法中，如果确定"出口国"也应该按照非优惠性原产地规则来进行，这时"出口国"就等同于"原产国"。然而，出口国与原产国在实际中往往是不相同的。某种产品可能经过几个国家的加工，或在几个国家中转运，则它最后一个装船出口的国家可能不是原产国。

应该指出的是，在反倾销法中，不仅出现"出口国"的概念，而且也有"原产国"的概念。如果两者可以完全一致，则无须采用两个概念，而两者在某些情况下是不一致的。《反倾销协议》第2条第5款规定："在产品不直接从原产国进口、而自一中间国出口至进口成员的情况下，该产品自出口国向进口成员销售的价格，通常应与出口国中的可比价格进行比较。但是如产品仅为通过出口国转运，或此类产品在出口国无生产，或在出口国中不存在此类产品的可比价格，则也可以与原产国的价格进行比较。"从这一规定可以看出，在进口产品不直接从原产国进口，而是经过某一中间国出口的，则"出口国"是该最后直接出口的"中间国"。而不是"原产国"，两者是不一致。进一步分析这一规定，可以得出这样的结论：

在反倾销法中，对于经过多个国家加工的产品，即存在中间国出口的

① 晋巧霞. 论倾销的确定及我国倾销确定规定的完善[J]. 哈尔滨学院学报，2006（02）：73-77.

情况下，并不是采用通过实质性改变标准确定的原产国作为出口国，而是直接将最后出口的中间国作为出口国，从而确定进口产品在出口国的可比价格，即正常价值；而当产品仅为通过出口国转运或此类产品在出口国无生产或在出口国中不存在此类产品的可比价格，才采用原产国的可比价格，也就只有这时才适用非优惠性原产地规则来确定原产国。[①]

美国有关反倾销的法律也有类似的规定，"当对象商品从中间国出口到美国正常价值应据中间国确定；但如果（a）生产商在销售时知道对象商品用于出口；（b）对象商品仅仅通过中间国转运；（c）在中间国的外国相同产品的销售不具有代表性；或（d）中间国不生产外国相同产品。"[②]

从 GATT 第 6 条的规定和《反倾销协议》规定来看，进口产品的正常价值首先应该按照其在出口国内正常贸易过程中供消费时的可比价格来确定，而只有在出口国内没有此种可比价格时，才用出口到第三国的价格或原产国的结构价格来确定，因此出口国的可比价格是比原产国的结构价格，得到优先考虑的，可以说在确定正常价值时"出口国"优先于"原产国"。

其次，确定原产国的结构价格也涉及原产地的问题。《反倾销协议》第 2 条第 2 款规定："出口国国内市场在正常贸易过程中，不存在该同类产品的销售时，或者由于该市场的特定情况，或者销售量较低不允许对此类销售进行适当比较，则倾销幅度应通过比较同类产品出口至一适当第三国的可比价格确定，只要该价格具有代表性或通过比较原产国的生产成本加合理金额的管理、销售和一般费用及利润确定。"

因而存在需要确定原产国的结构价格来作为正常价值的情况，这时原产国的确定则尤为重要。在欧盟，"实际上欧委会很少采用向第三国的出口价格，作为确定正常价值的基础，欧委会通常采纳的是结构价值。原产地的判定是准确确定结构价值的前提，因此它在欧共体正常价值的确定中的重要性较其他国家大。在出口国国内价格不存在的情况下，先选用原产国的结构价格的合理性在于：由于国内价格仅在有利可图时，方用以确定正

---

① 曾艳军. 我国应对反倾销法律问题研究[D]. 湖南大学，2015.
② 邓永军. 货物原产地规则研究[D]. 华东政法大学，2012.

常价值，因此在任何情况下，出口商都必须提供生产成本的数据；而对一第三国出口价格的检查，不仅将涉及另一出口市场的调查，而且对第三国的出口是否同样存在倾销问题也存在怀疑。

由于原产地规则的运用具有不确定性，各国的规定和做法不统一，它有时会被利用为进口国贸易限制的手段，从而引起出口国的指控。因为出口国认为进口国的原产地规则是不公平地限制了该国的出口。国际上为了统一原产地规则，达成了《原产地规则协议》，对原产地规则做了一般的规定，使各国有章可循。

第二节　替代国认定

替代国认定是反倾销中人为性最明显的部分，也是公允价值认定中最难的部分。

一、"非市场经济国家"的标准及其认定

自 1979 年 8 月欧洲联盟的前身——欧洲经济共同体①首次引入"非市场经济国家"（Non-Market Economies）的概念后，非市场经济制度在其反倾销法律中一直发挥着非常重要的作用。WTO 反倾销协议的第二条对非市场经济国家也做出了说明，指的是专门适用于"那些对贸易实行全面的或大范围垄断且国内价格由政府制定的国家"。在这种情况下，WTO 成员方可以将其市场上相同产品的价格，或以产自第三国的相似产品的价格为基础确定的产品价值作为"正常价值"。那么，国际上如何认定受诉倾销产品的出口国是属于市场经济国家，还是属于非市场经济国家的呢？②

---

① 2009 年 12 月 1 日前，"欧洲经济共同体"（European Economic Community）及其后的"欧洲共同体"（European Communities）具有国际法人资格，系正式的法律称谓。从 2009 年 12 月 1 日起，"欧洲联盟"取代了原来的欧洲共同体。

② 刘瑛，张璐. 论《中国入世议定书》非市场经济方法条款到期的效力及应对[J]. 国际经贸探索，2016（07）：104-118.

美国现行反倾销法也对"非市场经济国家"下了定义：依照《美国法典》规定，所谓"非市场经济国家"是指"由管理当局确定的，而不根据成本或定价结构的市场原则运行，从而该国商品的销售不反映公平价值的任何外国"。[①] 而后美国商务部据此对"非市场经济国家"下了补充说明：

指经（商务部）确定不按成本或价格结构的市场原则运作而导致其境内的产品销售不反映产品的公平价值的任何一个他国。实践中，一般通过考虑以下因素来判断：

（1）该国货币与其他国家货币的可兑换程度；

（2）雇员与雇主谈判工资的自由程度；

（3）该国对合资公司或者其他外国投资的准入程度；

（4）政府控制或拥有生产资料的程度；

（5）政府控制资源配置和价格及产量的程度；

（6）其他商务部应考虑的因素。

美国认定一个国家是否属于非市场经济国家的权力在商务部，而且一旦认定美国法律规定就不能将其作为司法审查的内容。可见美国商务部在这一问题上掌握着"生杀予夺"的大权。同时，美国法律将证明一国并非"非市场经济国家"的举证责任归于该国出口商承担，如果一国从未被美提起反倾销案则被假定该国为市场经济国家。曾经被商务部认定为非市场经济国家的有中国以及所有苏联国家包括波罗的海三国和斯洛伐克、匈牙利等东欧国家。

与美国相比，欧盟的反倾销法没有对"非市场经济国家"下定义，也没有对如何确定"非市场经济国家"的标准做出规定，而是以列举的方式直接写入反倾销法律文本，如欧盟反倾销法（第384/96号法令）第2章第7条曾将下列国家认定为"非市场经济国家"：阿尔巴尼亚、格鲁吉亚、阿塞拜疆、亚美尼亚、白俄罗斯、哈萨克斯坦、乌兹别克斯坦、土库曼斯坦、乌克兰、朝鲜、越南、俄罗斯和中国。

---

① 刘伟，骆兰兰. 美国反倾销法与中美贸易[J]. 法律学习与研究，1991（01）：92-94.

随着中国、俄罗斯市场经济体制改革的进一步深入和欧盟的经济战略调整，欧盟 1998 年 7 月 1 日生效的欧盟理事会第 905/98 号法令已将中国和俄罗斯从非市场经济国家名单中划去，但也未将其认定为市场经济国家，理由是："鉴于俄罗斯和中国的改革基本上改变了它们各自原有的经济形式，出现了适用市场经济条件的公司，因此这两个国家都摆脱了导致适用相似国家方法的那种经济环境。"①

因此，欧盟对在中国和俄罗斯的反倾销调查中，给予出口商申请市场经济待遇的机会，当然繁重的举证责任由生产商或出口商承担，但这已经比原先的一概使用替代国制度有了长足的进步。

二、非市场经济国家正常价值确定

前已有述，认定正常价值的各种价格标准必须有一个前提，那就是以正常的商业交易为基础，并能反映正常竞争条件下的商品供求关系。那么，对来自"非市场经济国家"的产品，该如何认定其正常价值呢？早在 1979 年东京回合谈判达成的《反补贴守则》规定，为计算倾销幅度，可以将进口国以外的其他国家相同产品的销售价格或构成价格与出口价格进行比较，如果据此不能得到一个充分的可比价格，还可采用经过合理调整的进口国国内市场价格作为市场价格。

以《反补贴守则》的这一规定为范例，西方各国在反倾销法中都规定采用市场经济第三国或进口国的价格，认定自非市场经济国家进口的受诉倾销产品的正常价值。② 这种市场经济第三国或进口国一般被称为"替代国"（surrogate country，如美国反倾销法）或"类比国"（analogue country 如欧共体反倾销条例）采取这种方法认定受诉倾销产品正常价值的制度又被称为"替代国制度"或"类比国制度"。

---

① 朱丁普. 欧洲联盟反倾销法上非市场经济制度本质探究［J］. 中外法学，2012（05）：1082-1099.

② 董成香. 中国应对美国反补贴措施的法律策略分析［D］. 吉林大学，2012.

（一）替代国的选择标准

目前，不少国家在对华反倾销调查中，无视中国在改革开放中做出的努力和已取得的成就，对我国仍然使用"非市场经济国家"的待遇。在认定我国产品的正常价值时，运用所谓"替代国"或"类比国"制度，经常选取经济发展水平远远高于我国的国家做"替代国"。一旦遭受"非市场经济国家"待遇，进口国将不把国内市场价格或出口到第三国的价格作为衡量"正常价格"的标准，而是采用市场经济"替代国"价格来衡量。从我国的现状可以看出，替代国的选择标准是认定非市场经济国家正常价值的关键。对于非市场经济国家，美国在选择替代国时，应尽可能地符合下面两个标准：（1）与非市场经济国家的经济发展水平相当；（2）是该调查产品的重要生产商。

出口商要极力在选择与非市场经济国家经济发展相当的市场经济替代国时，应首先考虑人均国民生产总值的接近程度。但同时美国商务部还是可以以这类国家不能提供充分的、可靠的价格资料为由，而选择经济发展水平较高的替代国。如在中国蜡烛倾销案中，美国商务部就是选择人均国民生产总值高出中国6倍多的马来西亚作为替代国。

欧盟的做法与美国不大相同，就如何选择代替国，欧共体384/96号条例规定："应当通过一个合理的方式选择一个适当的市场经济第三国，选择时要适当考虑所有可获得的可靠信息，也要考虑时间限制，在适当情况下，应当使用一个被列入同样调查的市场经济的第三国。"其中使用了一个"合理"和三个"适当"进行表述，关于如何才算合理、适当，没有明确的依据，这还要由欧盟有关当局决定。欧盟反倾销法关于选择替代国的标准一直没有多大变化。与美国相反，其并不注重替代国与出口国之间的经济发展水平的可比性，尽管多数替代国的水平都高于有关的非市场经济国家，欧委会在多数情况下不考虑这些因素（在少数几个案例中欧委会曾经准备考虑这个问题，例如在1982年中国的醋氨酚案中，欧委会就驳回了选择美国的建议指出印度是"更具有可比性的"国家，但这种做法没有制度化）。

在选择适当的替代国时，欧盟是依据所谓的"适当的、合理的"的方法来确定，显然这一规定比较含糊。为了明确这一方法欧委会于1992年发布了一个内部通知，规定欧委会选择第三国时，考虑的因素有：替代国国内市场的性质；价格是否由市场来确定；生产与调查的产品是否是可比的产品；在替代国获得原材料的情况是否具有可比性。

欧共体委员会在实践中的做法表明，大多数被选择作为类比国（替代国）的国家如美国、西班牙、奥地利、日本、南斯拉夫、巴西、加拿大等的经济发展水平，都普遍高于受控倾销的非市场经济国家。在1993年中国输欧自行车倾销案中，欧共体委员会决定以中国台湾地区的自行车生产商，在台湾市场销售自行车的价格，计算受诉倾销的中国出口自行车的正常价值。中方以台湾的人均国民生产总值水平大大高于中国内地为由，要求欧共体委员会重新考虑其决定。但是，欧共体委员会认为，由于台湾市场的竞争水平以及台湾自行车生产的型号和规模与中国内地自行车生产的可比性，这一选择是适当的，人均国民生产总值不是欧共体委员会做出此项决定时所应考虑的因素。

（二）美国的做法

《1988年综合贸易和竞争法》规定，如果（1）受诉倾销产品来自某一非市场经济国家；（2）商业部根据现有资料不可能采取与自市场经济国家进口产品同样的方法，确定其外国市场价值，那么商务部将基于"在生产该产品中所使用的生产要素"来计算该产品的正常价值。

这就是美国现行反倾销法中确定自非市场经济国家进口产品外国市场价值的主要方法——"生产要素价值方法"。其计算方法是：

以非市场经济国家生产受诉倾销产品所投入的各生产要素分别乘以被选择作为替代国的一个或几个市场经济国家各该生产要素的价格，然后相加，所得之和再加上一般费用、利润以及集装箱、包装及其他费用等即为受诉产品的正常价值。[①]

---

① 安连成. 欧美对非市场经济地位认定的法律与实践问题探讨[J]. 商业时代，2010（27）：108-118.

如无法使用上一种方法计算正常价值，商务部可以采用替代国与调查产品有可比性的商品向其他国家（包括美国）出售的价格，在上述两种方法选用上，替代国生产要素法优于替代国出口的价格法。但在反倾销实践中，美国商务部在使用生产要素价值方法时，不是简单地对所耗费的所有生产要素，都以替代国给该生产要素的价格标价，而是对各生产要素的情况做具体的分析，分别采用不同的计算方法，如果生产投入的要素购自于市场经济供应商，则商务部会采用非市场经济出口商实际购买支付的价格，而不用替代国要素价格。如果要素一部分购自于市场经济供应商，其他部分购自于非市场经济供应商，美国商务部通常也会采用向市场经济供应商支付的价格作为该要素的价格。在中国输美制动圆筒仲裁案中，对采购于市场经济国家的要素采用了实际购入价，而其他要素价格则是用的印度公开报价，对没有印度公开报价的要素，采用了印尼的公开报价。在中国输美摆头电扇和吊扇仲裁案中，经商务部核实，打包的箱子既有购自于市场经济国家的，又有源于中国的，根据"双来源者取市场经济来源价格"的原则，采用从市场经济国家的购入价。又如在1991年6月5日，美国商务部在中国输美电扇倾销案的初步裁定中指出："如果能够证实那些要素投入是从一个市场经济国家购进的，那么商务部的做法是按实际的购买价格来确定该要素的价值。"

如果一方当事人能够证实，他从一个非市场经济国家购买的要素投入，是按市场价格购买的，我们同样能够接受这种价格进行生产要素的分析。如果在终裁时，能向我们证实在中国的要素投入，包括原材料、劳动力、电和租金是以市场原则为基础定值的，我们可以在具体的计算中，采用这些市场价值以代替替代国的价格。

在1991年中国输美镀铬螺母倾销案中，美国商务部选择巴基斯坦作为替代国，但它同时发现，中国生产螺母的工厂使用的钢材，主要是从首都钢铁公司指令性计划外的、被投入公开市场的那部分钢材中购买的，而且从当地购买的钢材也是按市场价购进的，因此同意使用中国钢材的价格来计算该生产要素的成本。在化工材料方面，中方证明只有10%的化工材料的价格在中国受到政府的控制，其余均依市场机制变动，工厂的两个当地供应商也属自主经营未受到政府的直接控制，故美国商务部也同意使用中国化工材料的价格计算该生产要素的成本。

对于上述非市场经济国家正常价值的认定方法，美国商务部有一例外规定，即一国一旦被确定为非市场经济国家，不等于该国的所有工业或者某一产品均"不按成本或价格结构的市场原则运作"和"不反映产品的公平价值"。如果被调查的产业属于市场导向型产业（market orient industry, MOI），商务部有可能改用市场经济国家方法确定该非市场经济国家具有导向型产业，产品正常价值的规定按照美国法律规定。商务部在决定市场导向型产业时，必须满足以下三个条件：

（1）企业在确定其产品价格或产量时没有政府的参与；

（2）企业的产权性质应属于私人所有或集体所有；

（3）所有重大投入都必须按市场原则所确定的价格来支付。

可以看出，这种市场导向型产业（MOI）标准是非常苛刻的，对于总体性质仍属于非市场经济的国家的产业来说，是难以达到的，因此，在美国的反倾销实践中，也很少有非市场经济国家的出口企业享受过 MOI 标准的待遇。[1] 1989 年商务部在对华输美棒球帽和薄荷脑案的裁决中指出，中国的许多方面都表明，中国的经济像发展中的市场经济，对外贸易亦正处于过渡性的变化，但是仍然以国家对贸易和资源投入与产出存在控制等，拒绝适用市场经济国家方法认定正常价值。

（三）欧盟的做法

欧盟根据欧共体第 3283 号法令第 2 条第 7 款规定，在进口产品来自于非市场经济国家的情况下其正常价值应根据一个市场经济国家的有关价格确定。

包括以下三种方法：

---

① 沈木珠. 中国反倾销立法评价及其完善思考[J]. 政法论坛，2004（04）：79-88.

（1）替代国在国内市场销售相同产品或对其他国家包括欧成员国销售时实际支付的价格；（2）替代国的结构价格；（3）上述两种价格不能成立时，以欧盟相同产品实际价格或应付价格为标准（虽然第三种不合理，但由于有时替代国不愿意提供调查资料所以也常使用）。

1998年7月以前，欧盟在正常价值的认定中，一直将"替代国"制度适用于被其称为"非市场经济国家"的中国、俄罗斯、越南、朝鲜等16个国家。虽然欧盟于1998年7月修改其反倾销法（905/98号法令），将中国从"非市场经济国家"名单中删除，但仍将中国视为"有条件的市场经济国家"。中国企业必须申请并通过审查，才能获得"市场经济国家"地位。同时设立以下五项标准[①]：（1）企业可以根据市场需求做出决定，不必遭受国家干涉；（2）企业账目必须按照国际会计准则进行独立审计；（3）企业的生产成本和财务状况没有被前国营经济体制、易货贸易或债务补偿等扭曲；（4）企业遵守破产法和财产法；（5）外汇兑换率随行就市。

正是由于这五项标准的存在，才使得欧盟在审查中国企业的申请时，采取"总体承认个别否认；抽象承认具体否认"的做法，结果到目前为止，在反倾销调查应诉中获得"市场经济国家"地位的中国企业屈指可数。欧盟对于中国市场经济国家的认定虽然有所松动，但是涉案企业的申请市场经济待遇论证进程，也是相当艰辛的。且欧盟也没有明确规定，中国就是市场经济国家，所以针对中国的出口商，欧盟采取分别对待的方式，有能力证明自己符合市场经济条件的，就按市场经济国家的产品对待；否则，仍然按照非市场经济情况对待。

据统计，截至2010年6月，共有27家中国企业在9项反倾销调查中，向欧盟提出市场经济待遇申请，但只有13家企业的申请得到欧盟委员会的批准。欧盟委员会在对华反倾销认定正常价值时，常常否决中国企业市场经济待遇申请。其原因何在？欧委会认为：

（1）中国企业产品的国内销售受到限制。欧盟认为，限制中国产品特

---

① 王燕. 非市场经济地位对中国外贸的影响及对策[J]. 中外企业家，2009（16）：217-219.

别是高科技的合资企业产品的国内销售，是中国政府保护国内低效率产业的主要手段之一。这一类限制虽然越来越少见于正式的法律文件之中，但仍然被广泛使用。

（2）企业决策受到明显的国家干涉，国家干涉表现在政府强加的投资义务、政府指定的原材料供应商、政府通过法规或规章强制外资企业向雇员支付远高于国有企业水平的工资待遇等。

（3）企业缺乏经过正确审计的财务账目，欧盟认为。大多数中国企业提交的是不完整的账目，其中相当部分根本未经过审计，尤其是在资产折旧方面。

（4）产品成本由于以前的政府行为而存在明显的不真实因素，如国有企业中普遍存在的不正确的资产评估和随意的重新评估等。

（5）仍有一部分企业在进行易货贸易。

虽然迄今为止中国企业申请欧盟的市场经济待遇的成功率仍然很低，但是欧盟委员会自己也承认中国的市场经济程度已经达到很高水平，几乎所有工业产品的价格都已经由市场调节了。

这一点与俄罗斯相比差别很明显，[①] 由于俄罗斯的工业原材料价格仍采用国家定价，俄罗斯企业至今没有一家获得欧盟市场经济待遇。而且在近期内也没有申请成功的可能。之所以申请成功率较低，主要原因不是硬件问题，而是软件问题，即：企业对国际贸易惯例和规则特别是欧盟的反倾销规则缺乏了解，或了解得不透彻，举证极不充分，从而导致申请失败。

三、中国的市场化改革及在替代国问题上遭遇的困扰

（一）我国存在的问题

我国的产品屡遭反倾销，原因是多方面的，既有内因，也有外因；既

---

① 黄贺，刘蕾菁. 欧、美反倾销法中的替代国制度［J］. 中山大学学报论丛，2002（06）：93-97.

有客观原因，也有主观原因；既有制度上的原因，也有法律上的原因。但
与正常价值认定有关的，笔者总结有以下几个方面：

1. 贸易伙伴对中国实施歧视待遇

不少国家在对华反倾销调查中，无视中国在改革开放中做出的努力和
已取得的成就，对我国仍然使用"非市场经济国家"的待遇。一旦遭受
"非市场经济国家"待遇，进口国将不把国内市场价格或出口到第三国的
价格，作为衡量正常价值的标准，而是采用市场经济"替代国"价格来衡
量。这对中国产品的歧视已是不言而喻的。

例如，美国商务部决定在中国整体经济体制还没有彻底市场化之前，
可以根据中国的具体经济部门进行分析，对于某些独立于非市场经济环境
之外的行业，可以被视为市场经济行业。也就是说中国对美国出口企业要
想获得市场经济地位，可以自己证实其所属行业具有市场导向。美国政府
代表希望把对中国市场经济地位"总体否定、个别肯定"的原则，写入关
于"入世"的中美双边协议。

经过多轮磋商，在中国的争取下，美国最终同意中国的非市场经济待
遇，在中国加入 WTO 之后的 15 年将自动取消。在这 15 年中，中国对美出
口企业要想获得市场经济地位只能靠企业自己证实该企业所属行业存在市
场导向。[①]

2. 国内企业的恶性竞价

以中国摩托车在越南市场的销售为例，2002 年 1 月至 8 月出口整车由
上年同期的 150 万辆大幅度缩水至 7 万辆，由于没有相关价格制度的约束，
整车平均出口价由 3800 元/辆降至 1500 元/辆。这就是国内企业恶性竞价
的结果。

随着我国企业价格体系和外贸体制的改革，企业在出口和出口定价方
面，掌握了主动权，可是相关的管理制度建设却没能跟上，一些企业（特
别是劳动密集型企业）利用其成本低廉的优势，在国际市场上低价销售，

---

① 周灏. 中国"非市场经济地位"问题及其对反倾销裁决的影响——基于美国对华反倾销
裁决的实证分析[J]. 国际贸易问题，2011（09）：95-105.

甚至为了抢占市场而竞相压价。① 在这种情况下，即使进口国把我国国内市场价格作为衡量正常价值的标准，由于这个价格太低，被认定存在倾销的可能性和倾销的幅度就会大大提高。

3. 应诉不积极

许多企业法律意识淡薄，对国外反倾销调查应诉不积极，助长了国外对华反倾销措施的滥用。国内企业不积极应诉带来了非常严重的不良后果。企业不应诉国外负责案件审理的部门就可以根据"可获得的最佳信息"直接做出缺席判决。根据我国目前的现状，进口国并不当然认定我国的市场经济地位，而是需要我国企业举证证明的。本来在实践中，中国出口企业要证明其所属行业的市场导向就很困难，如果不积极应诉，进口国就会当然地认为受诉企业所属行业不能获得市场经济地位，在认定正常价值时就会采用"替代国"方法（或者其他对我国企业不利的方法），导致某些生产成本明显高于我国出口商品的替代国商品被用作参照物，因此必然得出中国出口商品低价倾销的结论。而且，这还会引发其他国家（或地区）新的反倾销诉讼。近年来，经常出现一种商品被一国指控时，其他国家也很快就对同一种商品提出反倾销的情况。这主要是由于没有企业去应诉，而是不约而同地选择了转向另外一个市场，结果又导致新的反倾销诉讼被提起。如我国的钢板、草甘膦、硅锰、糠醇等都先后在多个国外市场遭到反倾销调查。

（二）解决方略

面对日益严峻的国外对华反倾销的形势，我们只有积极迎战制定出有效的应对策略才能为我国的出口贸易更快更健康地发展创造良好的环境。

1. 加强政府的交涉力度，努力消除国外对中国的偏见和歧视待遇

我们应该利用一切有关场合包括联合国、世界贸易组织、亚欧会议等场合，大力宣传我国在从计划经济向市场经济转变过程中所取得的成绩，

---

① 杨仕辉，王红玲. 对华反倾销实证分析及我国对策[J]. 中国软科学，2002（07）：14-19.

通过政府间谈判，力争使欧美各国取消拒绝承认我国是"市场经济国家"的错误做法。同时，利用已经加入 WTO 的条件，根据 WTO 的非歧视原则，提高我国在反倾销诉讼中的地位，坚决抵制对华歧视待遇。此外，还要加强中国与世界各国企业界交流，让更多的外国企业家、经济决策层乃至游客走进中国，了解中国。

2. 建立健全反倾销数据库和进出口预警机制

现在我国已成为世界上受"二反一保"（反倾销、反补贴和保障措施）伤害最多的国家，建立健全我国的反倾销数据库和进出口预警机制已是刻不容缓。① 我们需要对各主要贸易伙伴和一些替代国的一些产品的生产成本、价格及销售状况等资料加以收集，建立起反倾销数据库。这样，我国企业在确定出口商品的数量和销售价格时就有据可依，而且在应对反倾销诉讼时也是非常有力的证据。在建立进出口预警机制上，国际上"二反一保"活跃国家早已走在了前头，如美国有"扣动扳机制度"，欧盟有"进口监测快速反应机制"，印度有"重点商品进口监测机制"等。

完善的预警机制要求包括，对国内产业遭受国外产品冲击可能受到的损害的监测；通过对重点行业、重点产品、重点国家和地区市场变化的监测、整理和分析，建立预警机制模型快速反应，及时发布预警信息；同时向企业提供准确的国际市场情况及各国的具体贸易政策法律情况，实现产业保护工作的前置化，以有效保护我国的产业安全。

3. 培养一批熟悉国际贸易规则的专门人才

国内企业普遍缺乏专门应对反倾销的机构和人员，只有有了专门的人才，我们才能在应诉反倾销中争取主动。在计算正常价值时，把握一切对自己有利的因素，至少可以避免外国对华反倾销措施的滥用。例如，在日本、韩国的大企业中，都有专门的一套班子，干的就是反倾销的活。因此日本和韩国的电视在欧盟的售价，比中国产品便宜 7%~10%，在中国屡遭反倾销诉讼的情况下，他们反而未受诉讼。这也是日本人和韩国人善于打

---

① 舒鹏."三位一体"应对我国外贸冲突[J]. 亚太经济，2004（05）：83-86.

反倾销官司的缘故。日韩企业这种国际化经营的本领是非常值得我国企业学习的。再者，WTO《反倾销协议》并不严密，作为 WTO 成员共同签署并具有普遍约束力的多边法律文件，WTO《反倾销协议》对事关中国出口企业是否存在倾销行为的"替代国"标准，并没有规定，这就更需要熟知外国法律的专业人才来为我国企业争取尽可能的利益了。

4. 必要时，改变产品原产地

如果一些产品在国内生产会因为成本上升而失去比较优势，且产品又主要销往国外，就应该首先考虑改变原产地，到贸易伙伴国直接投资。这样，在认定商品正常价值时，出口国和原产地国都不再是中国，就可以转移进口国的反倾销视线，避免因歧视待遇而产生的不利局面；另一方面还可以绕过贸易壁垒，这是目前应对反倾销的最有效的办法。[①]

5. 政府坚持市场经济导向

根据中国入世议定书，在中国入世后 15 年内，除非中国企业能证明其出口产品是在市场经济条件下生产的，否则 WTO 成员仍可对中国出口产品使用替代国方法，计算倾销幅度。政府有关部门要大力配合，提供有力证据证明政府没有干预企业的生产经营，企业确实处于市场经济的运作环境，而企业也要按现代企业制度模式，运用规范的材料和数据证明其完全处于市场导向，才能获得市场经济待遇，才能得以用中国的国内生产成本作为认定正常价值和计算倾销幅度的依据，并最终取得胜诉。

---

① 薛林，梁小燕. 论原产地规则在反规避中的运用[J]. 世界贸易组织动态与研究，2011（04）：5-11.

第五章 国际公允价值：反倾销中的成本收益分析及其会计处理

本章将在反倾销中的成本收益分析基础上，深入研究国际公允价值认定问题。

第一节　反倾销中的成本收益分析

随着世界经济的发展，国际贸易量的日益增多，国际间贸易摩擦的发生日渐频繁，其中最突出的问题就是反倾销问题。因此，无论是对进口国、申诉企业还是应诉企业来说，充分了解反倾销中的成本收益及其会计处理是十分重要的。

一、反倾销的成本分析

反倾销的成本是多种多样的，有的可以计量，有的难以计量，只有充分了解在反倾销中需要付出的成本，才能更有准备地应对在反倾销过程中的各种情况。

(一) 进口国消费者的利益受损

反倾销政策的实施往往是因为国外低价产品的大量涌入挤占了国内产品的市场份额，严重影响了进口国相关企业的发展。但是与此同时，低廉的国外产品让进口国的消费者能够在购买和以往一样多的产品时花更少的钱，从而提高单位货币的边际效用，增大了消费者剩余。而一旦实施反倾销措施，国外的低价产品将不得不因此提高其价格，甚至退出该国市场，这就会使得进口国消费者难以继续享受低价利益，需要花费比过去更多的货币才能购买到原有数量的产品，使过去因倾销而产生的消费者剩余①趋

---

① 指消费者消费一定数量的某种商品愿意支付的最高价格与这些商品的实际市场价格之间的差额。

向于零，甚至是负数。

我们还可以用一个简单的数学问题说明反倾销措施对消费者利益的损害：假设进口国消费者的收入为 M，并全部用于购买产品 A，总共购买了 Q 数量的产品 A，其中用于购买 Q_1 数量的国内生产的产品 A 的收入为 M_1，购买 Q_2 数量国外进口的产品 A 的收入为 M_2，即 $Q = Q_1 + Q_2$，$M = M_1 + M_2$。而消费者所能得到的消费者利益，分别为 U_1 和 U_2，消费者总利益 $U = U_1 + U_2$。由于技术先进等一些原因，国外生产 A 的成本更低，导致 A 的进口价格 P_2 低于国内生产的 A 的价格 P_1，即 $P_1 > P_2$。则 $M = M_1 + M_2 = P_1 Q_1 + P_2 Q_2$。当进口国开始对产品 A 增收反倾销税时，进口 A 的价格势必提高为 P_2^*，即 $P_2^* > P_2$，使得消费者购买的进口产品 A 数量减少至 Q_2^*，从而导致消费者从进口 A 中得到的消费者利益降低为 U_2^*，且 $U_2 > U_2^*$，而实施反倾销政策后的消费者利益 $U^* = U_1 + U_2^* < U$，这使得在进口国国内生产的产品 A 的价格不变的情况下，消费者的利益受损。

（二）企业

1. 进口国企业发起反倾销调查的费用及损失

进口国企业在发起反倾销调查的过程中要承担包括在准备有效的申请书的过程中收集证据、聘请律师、评估影响等方面花费的费用以及在随后的反倾销程序中为赢得官司而支付的法律费用。[1] 而这仅仅是企业在反倾销过程中支付的直接成本的部分，企业在反倾销的过程中还很可能面临许多的间接成本问题。

首先，如果申诉企业在被申诉企业国内也存在相应的经营活动，申诉企业很有可能会遭到被申诉企业东主国的反倾销报复。虽然这种损失并不必然发生，并且就反倾销报复而言，报复成功与否与被申诉企业在其国内的影响力大小以及该国政府对倾销行为的态度相关，但是随着越来越多的国家选择采取反倾销措施来削弱外来产品和企业对本土企

---

① 钟生根. 企业提起反倾销调查的成本收益分析[J]. 江苏商论，2007（06）：67-69.

业的竞争优势，这也使得申诉企业面对这种风险的可能性正在逐渐
增加。

其次，如果申诉企业的国际化程度很高，即拥有众多的海外市场，则
企业还可能在海外市场面临更激烈的竞争。因为一旦出口国企业在反倾销
调查中被认定存在反倾销行为并被征收反倾销税，当反倾销税高到迫使出
口国企业完全退出本国市场时，出口国企业不可能在短时间内调整其产
能，那么它必将寻求新的市场来消化过剩的产能，这将会使得申诉企业在
国际市场上的竞争更加激烈，而这种竞争的加剧必然会使申诉企业遭受损
失。同时，如果反倾销诉讼最终成功，应诉企业被征收高额的反倾销税，
当反倾销税高至被征收反倾销税的外国企业的产品在该国市场上失去竞争
力，但是该外国企业仍然希望在该市场获得利益，那么该外国企业就很
可能会选择在该国投资建设生产线，这将使申诉企业在国内市场面临更加
激烈的市场竞争，申诉企业的利益将因此受损。

最后，如果申诉企业发起反倾销调查的产品是中间产品，那么这将使
得该产品的国内购买商预期这种产品在国内市场上的价格将会上升，如果
购买商预期这种效应是长期持续的，它们很可能会选择进行对外投资，而
一旦他们做出这种选择，即使本企业在一段时间内提高了自己的竞争力，
并允许外国产品与本企业生产的产品竞争，这种因购买商对外投资导致的
需求减少也是无法恢复的。虽然本企业可以从反倾销措施的实施导致的国
内竞争减弱中获利，但它同时很可能要承担这种因购买商选择对外投资导
致的市场需求减少的损失。

2. 出口国企业应诉费用及损失

和申诉企业一样，应诉企业需要在反倾销调查及诉讼过程中支付巨额
的费用。这些费用主要包括为了了解涉案企业出口情况、召集相关企业开
会、宣传政策并征求意见、确定应诉企业、确定委托律师等前期程序而付
出的前期费用；为联合组建由贸易、经济、法律、财务、翻译等专家构成
的应诉小组而花费的薪酬费、场地租赁费、通讯费、交通费、差旅费、办
公费等一系列联合应诉组织成本；以及聘请对方国家的专业律师的高额律

师费用；最后在应诉过程中为了掌握诸如"替代国"的价格、计算数据、成本资料、包括生产规模和生产技术的相似性、获取原料途径的相似性、国内市场价格的合理性、替代国对国内工业的保护水平等方面的信息而付出的信息收集费用。① 而如果企业应诉失败，付出的成本不仅仅是上述的费用，还很可能会面临巨额的反倾销税，被迫承诺限定出口数量、最低限价，而这又必将导致其在进口国市场上产品的竞争力大大降低，市场份额急剧缩小，甚至被迫退出市场，使得产品的对外销售更加困难，对企业的发展造成损害。

（三）政府建立和维持反倾销制度的成本

对于进口国政府而言，为了建立和维持反倾销制度需要成立相关的部门和反倾销调查机关，并且开展反倾销调查需要有专业的反倾销调查队伍和完善的技术手段，这都需要政府拨付预算。同时，根据 WTO 的《反倾销协议》，调查机关采取的反倾销措施，必须接受独立的司法审查，并可能被诉到争端解决机制。WTO 还成立了专门的反倾销措施委员会，各成员必须及时通报反倾销立法和采取的反倾销措施。可见，每一次反倾销调查，除了基本的倾销和损害调查之外，还有许多法律性工作，双边、多边交涉事务将耗费调查机关的精力和资源。② 最后，为了确保反倾销措施的实施，调查机关还必须付出一定的监管成本。

二、反倾销的收益分析

任何事物都是有失有得的，在反倾销的过程中，付出成本的同时还会获得相应的一些收益，而这些可能获得的收益正是决定各方在反倾销过程中的立场和表现的重要因素，因此了解和分析反倾销的收益是十分重要的。

① 张廷新. 论反倾销应诉的成本收益分析及应对策略[J]. 国际商务财会, 2008 (06)：24-26.
② 程伟. 国际贸易中的反倾销研究[D]. 吉林大学, 2008.

（一）申诉企业

1. 市场份额扩大

申诉企业提起反倾销调查的对象往往都是在本国市场上占有较大的份额，并且正处于迅速扩张期或者有迅速扩张趋势的外国企业。[①] 一旦反倾销成功，被反倾销的外国企业的产品在进入本国市场时就需要交纳反倾销税，这会使得他们不得不提高其产品在本国市场上的价格，而价格的上升必然会导致部分原来购买他们产品的顾客，转而购买本国企业的产品，使得被征税的外国企业的市场份额减少，如果征税的幅度足够高，使得这些被征税企业的产品在本国市场完全失去竞争力，彻底退出本国市场，他们原来的市场份额将会被本国企业瓜分。申诉企业将因此获得更大的市场份额，相关收益也会增加。

2. 价格上涨受益

反倾销不仅可以让申诉企业在本国市场的市场份额得到扩大，还可能导致反倾销产品在国内市场的价格上升，使得申诉企业获得更大的收益。在没有被征收反倾销税的时候，出口企业以一个使企业利润最大化的价格 p 在该国市场销售，征税后，出口企业为了保持利润的最大化，在该国市场的销售价格势必会上涨，由此又会引起该国市场该商品价格的上涨，而本国市场产品价格的上升将给申诉企业带来一定的收益。如果反倾销税足够高，使得被征税外国产品完全退出本国市场，由此导致本国市场供给减少，价格上升，这种效应将会更加明显。这种由商品价格上涨带来的收益受到国内市场剩余的供给市场结构和市场需求结构的影响。因为价格的上涨幅度受到供求关系的影响，需求量比供给量越高，价格上涨的幅度越大，反之越小。

---

① 钟生根. 企业提起反倾销调查的成本收益分析[J]. 江苏商论，2007（06）：67-69.

（二）积极应诉企业

1. 提升企业的国际形象

许多被诉企业在面对国际反倾销调查时，缺乏自我保护意识，对反倾销申诉的危害认识不足，没有积极应诉，导致败诉。结果，不仅对企业的国际形象造成了极大的损害，恶化了企业涉外经营的国际环境，丧失了多年开辟的市场，而且造成了企业软弱可欺，对反倾销易于成功的错觉，使得企业被提起反倾销调查的可能性大大增加。因而，从长远看，积极应诉的企业无论胜诉与否，都能提升企业的国际形象。

2. 获得广告效应

反倾销应诉虽然要花费大量的经费和人力、物力，但也是一次难得的宣传机会。通过对反倾销调查的积极应诉，企业可以很好地提高在当地市场的知名度和形象，有望获得更多的商业机会。

3. 解除企业进军国际市场的后顾之忧

出口企业随时都有可能遭受反倾销的指控，这必然会对其制定营销策略产生不良影响。而一旦遭到反倾销指控并胜诉，有利于其扩大在起诉国的市场份额，并为其开拓新的国际市场打下良好的基础。①

（三）进口国

1. 维护市场的有序竞争和物价稳定

倾销往往意味着低价商品的大量涌入，这必然导致该产品的进口国的市场价格下降，虽然此时价格的变动使进口国消费者能够享受到低价产品带来的好处，暂时地带动经济发展。但是，倾销将会使消费者过于注意产品的价格，甚至引发进口国市场中的过度价格竞争，扰乱进口国市场的正常竞争秩序。② 并且当今国际经济中绝大部分倾销者的倾销行为都是垄断性倾销，也就是说，倾销者往往以倾销作为竞争手段，迫使进口国和第三

---

① 王维. 反倾销的成本与效应[J]. 南京政治学院学报，2004（5）：40-43.
② 程伟. 国际贸易中的反倾销研究[D]. 吉林大学，2008.

国的类似产品的生产者退出市场，从而取得自己的垄断优势，并且在实现这一目的后，倾销者往往就会转而实行垄断高价的市场销售行为。因此，倾销往往会打破进口国国内物价稳定的局面，扰乱市场的正常竞争秩序。而反倾销在一定程度上能够起到稳定物价的作用，并且反倾销措施一方面可以保证自由贸易的原则不再被滥用，使得各国能够依法对倾销这种不正当竞争予以明确的抵制和制裁；另一方面，它又能让企业为避免制裁而履行公平公正的竞争，从而实现有序的市场竞争。

2. 维持国际收支平衡

在国际贸易中，进口国要对其进口的商品结清并支付相应的价款和运杂费。而价款总额是由进口数量和进口价格决定，他国倾销到进口国的商品虽然价格低廉，但同样它的市场需求、进口数量也随着价格的降低而大幅上涨，并且倾销商品往往是弹性比较大的商品，价格降低的幅度小于需求量上升的幅度，从而很有可能使得进口数量的增加值远远高于其价格减少值，造成总价款数额不断上涨而增加贸易支出。而在国际收支体系中，维持国际收支平衡，即实现进出口基本相等、保持平衡往往是政府的首要目标。因此，倾销越厉害，越可能产生贸易逆差，而一旦产生贸易逆差往往需要动用储备项目予以弥补。因此与其依靠动用外汇储备被动地保持收支平衡，不如从限制进口方面多下功夫。并且采用反倾销措施，通过征收高额反倾销税等措施把在本国内倾销的商品和企业挤出市场，在维持国际收支平衡上效果更加明显。①

3. 推进产业结构调整

反倾销措施生效后，倾销商品的价格优势就会消失，进口商品将会减少甚至退出该国市场，使得进口国相关产品的供给减少，而该国本土企业的供给又往往不能完全满足消费的需求，这就导致市场上出现供不应求的现象。因此，这就需要进口国政府采取相应的对策，对国内资源进行重新配置，优先组织和发展类似产品的生产，以满足其已经存在的市场需求；

---

① 程伟. 国际贸易中的反倾销研究[D]. 吉林大学，2008.

或者是在不改变本国原有资源配置的基础上，创造新的消费需求来代替旧有的对倾销商品的需求。而这些都涉及该国的产业结构调整问题。① 总的来说，一旦实施反倾销，就会使市场趋于正常并改变原有的要素配置，在满足消费者需求的基础上促进产业结构的调整，特别是那些为创造需求而开发新产品的新兴产业的建立和发展，将会更加显著地使进口国的产业结构得到改善和提高。

4. 改善就业状况、促进经济发展

倾销往往会对进口国相关企业造成一定的损害或者威胁，特别是倾销产品的涌入及其低价效应，一方面会使消费者不愿意购买本国产品，从而把开支投向进口的倾销产品，造成本国相关产业的发展缺乏需求支撑，相关企业的效益变差；另一方面则会使进口国生产企业中就业人员的利益由于企业的产品销售不畅而受损，纷纷跳槽去效益更好的企业，使得进口国国内生产该产品的企业人才难以为继，同时企业也会由于经济效益的变差而解雇大量的员工，最终影响经济增长和充分就业。所以，进口国实施反倾销保护能够有效地保持就业稳定，促进经济的稳步发展。

三、反倾销的成本—收益比较分析

在了解了反倾销的成本和收益后，还要对其进行比较分析，才能更好地判断反倾销最终对于自身究竟是有利的还是有害的，才能更好地决定是否发起反倾销，更好地对反倾销做出是否积极应诉的决定。

（一）申诉企业

申诉企业的反倾销成本主要包括在发起反倾销调查过程中的各种费用（CL）：信息收集、聘请律师、评估影响等。同时申诉企业还可能付出一些无形成本：出口国的报复造成的损失（CR）、国内需求商对外投资导致国内需求减少带来的损失（CO）、因本国反倾销措施的实施导致的国际市场

---

① 程伟. 国际贸易中的反倾销研究[D]. 吉林大学, 2008.

竞争加剧造成的损失（CF）、被反倾销企业对本国投资导致的国内市场竞争加剧引起的损失（CI），这样申诉企业面对的总成本为 $C = CL + CR + CF + CO + CI$，其中除 CL 申诉企业可以依照案情的复杂程度做出较为准确的估计外，CR、CF、CO、CI 都具有很大的不确定性。[①]

申诉企业通过反倾销调查可能获得的收益包括市场份额扩大带来的收益（RS）和产品国内价格上升带来的收益（RP），总收益 $R = RS + RU$。但是企业的反倾销申诉是有一定风险的，我们将申诉企业反倾销成功的概率设为 f，则企业的预期收益为 $f^* R$。影响 f 的因素很多，首先就申诉企业自身方面，影响因素有：申诉企业所在国对反倾销的态度；申诉企业对当地政府的影响力；申诉企业所在行业对其所在国家的经济影响力。一国越倾向于频频使用反倾销措施，申诉企业在本国的经济影响力越大，企业反倾销成功的可能性越大。如果申诉企业提供的是中间品，则它还将面对本国市场的购买商的反对反倾销的势力，购买商在本国的经济影响力越大，申诉企业反倾销成功的可能性越小。其次从被反倾销的外国企业的角度，影响因素有：被调查企业的应诉能力；被调查企业的所属国家政府对被调查企业的支持力度。反倾销诉讼的成败很大程度上受到政府和企业的主观性行为的影响。[②]

申诉企业预期的净收益为 $NP = f^* R - C$，NP 的值决定了企业是否提起反倾销调查要求。按一般意义的理解，只要净收益 NP 大于或等于零，企业就有动机发起反倾销调查，但是事实并不如此。因为企业反倾销行为的收益面临很大风险，所以只有当净收益能完全补偿这种风险时，企业才会采取主动提起申诉。而不同的企业，在不同的经营环境下，对风险补偿额度的要求并不一样。反倾销只是企业改变经营条件的选择之一，为提高本企业的竞争力，企业可以加大在研究和开发方面的投入以获得技术优势，可以对外投资以获得投资对象国的低劳动成本优势，企业可以进行产业转

① 钟生根. 企业提起反倾销调查的成本收益分析[J]. 江苏商论，2007（06）：67-69.
② 同上。

移。[①] 当企业面临多种选择时，它对风险补偿的要求会提高，否则企业不会去冒这种风险。因此，当企业的反倾销净收益 NP 大于等于 0 时，企业不一定有动机发起反倾销调查，只有当 NP 达到它的风险补偿额度，且其他选择的效果不如反倾销手段时，企业才会采用提起反倾销调查的手段来保护自身的发展。

（二）应诉企业

应对反倾销的费用相当高昂，对应诉企业来说是一个极大的负担。如果企业应诉不力，往往会使得企业的产品在进入进口国市场时，被征收巨额的反倾销税，甚至被迫退出该国市场，而且还会遭到其他国家效仿进行反倾销指控。反之，如果企业积极应诉很可能获得更多的退税和费用节约以及潜在收益。因此，为了让企业能够充分地进行成本—收益分析，合理做出应诉与否决策，构建反倾销应诉的会计成本与收益分析模型是十分重要的。

首先假设无论反倾销调查最后结果如何，应诉企业都将继续向出口国出口产品。设产品出口的总成本为 C，出口的总收益为 Y，倾销税征收比例为 R（$R=(P-\text{FOB})/\text{FOB}\times100\%$），生产成本为 C_1，出口时所需支付的商检、报关等费用为 C_2，诉讼费用为 C_3，因出口而获得的出口退税为 X_1，因应诉而获得的潜在收益为 X_2，离岸价格为 FOB，到岸价格为 CIF，公平价值为 P，出口数量为 Q。那么成本与收益模型分别为：

成本模型：$C=R\times(\text{FOB}\times Q)+C_3$；

收益模型：$Y=(\text{CIF}-C_1-C_2)\times Q+X_1+X_2$

当 $P\leqslant\text{FOB}$ 时，$R=0$，即并不存在倾销。在这种情况下，只要出口的收益能够大于或者等于诉讼费用即可。那么临界值 Q^* 为：

$C_3=(\text{CIF}-C_1-C_2)\times Q+X_1+X_2 => Q^*=(C_3-X_1-X_2)/(\text{CIF}-C_1-C_2)$

即只要应诉企业出口的产品数量大于或者等于 $Q^*=(C_3-X_1-X_2)/(\text{CIF}$

---

① 钟生根. 企业提起反倾销调查的成本收益分析[J]. 江苏商论，2007（06）：67-69.

$-C_1-C_2$），就应该积极应诉。

当 $P>$FOB 时，$R=(P-\text{FOB})/\text{FOB}\times100\%$，存在倾销，此时临界值 Q^* 为：

$R\times(\text{FOB}\times Q)+C_3=(\text{CIF}-C_1-C_2)\times Q+X_1+X_2=>Q^*=(C_3-X_1-X_2)/(\text{FOB}+\text{CIF}-P-C_1-C_2)$

即只要应诉企业出口的产品数量大于或者等于 $Q^*=(C_3-X_1-X_2)/(\text{FOB}+\text{CIF}-P-C_1-C_2)$，就应该积极应诉。

所以出口企业在进行反倾销指控应诉的时候，当企业的收益等于其成本，即 $C=Y$ 的时候，有一个临界值可供参考，如果出口企业所出口的产品数量大于这个临界值，那么他就应积极应诉；如果出口企业所出口的产品小于这个临界值，那么企业就会因为应诉不能带来实际收益而放弃应诉。[①]

（三）进口国

经济措施犹如一把双刃剑，总是有利有弊。实施某项经济措施需要对成本和收益进行分析，以求达到利润的最大化，因此，进口国实施反倾销的前提是收益至少与成本相一致。

对于进口国而言，反倾销给其带来的最明显、最直接的收益就是高额的反倾销税，这能够增加其财政收入，有助于其维持国际收支平衡；对外国企业的反倾销还能够保护本国相关企业的发展，在一定程度上改善本国的就业情况；同时，外国产品的倾销往往会扰乱本国市场的正常竞争秩序，而反倾销能够帮助维护市场的有序价值和物价稳定。反倾销还可能给进口国带来一些其他无形收益，例如推进本国相关产业结构的调整。而反倾销的成本也很明显，进口国政府建立和维持反倾销制度需要许多行政和监管经费以及大量难以计算的人力成本等；同时，反倾销措施的实施将会迫使进口产品的价格上涨或者退出本国市场，使进口国消费者的整体福利减少，并且还可能导致本国企业的竞争力下降等无形成本。

---

① 张廷新. 论反倾销应诉的成本收益分析及应对策略[J]. 国际商务财会，2008（06）：24-26.

反倾销可以提高本国企业的利润，增加生产者剩余和相关生产产业行业福利；而减少了本国消费者的整体福利，降低了消费者剩余。那么，反倾销对于进口国的整体福利的影响到底是带来下降还是上升呢？假设某出口国企业的产品在国外市场的销售价格是 P_1，而进口国企业同类产品的价格是 P_0，进口国政府对出口国企业征收反倾销税，使得在进口国市场商品价格为 P_0。如下图 5-1 所示，我们可以看出，当进口国政府认定出口商存在倾销行为时，并对进口商品征收反倾销税时，进口国福利的变化。

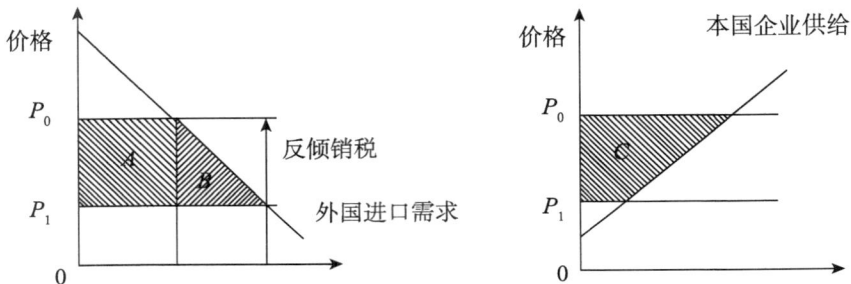

图 5-1　征收反倾销税时进口国的福利效应变化图

对于进口国政府来说，本国的福利影响是：本国的消费者剩余减少 $A+B$，本国的税收增加 A，本国的生产者剩余增加 C。可以得出这样的结论：对出口国企业的低价倾销行为征收反倾销税，将减少本国的消费者剩余，这对本国消费者是不利的，但是又将增加本国的税收和本国企业的生产者剩余，在不同的阶段，这三项的权重是不同的 α，β，γ。

$$0<\alpha,\ \beta;\ \gamma<1;\ \alpha+\beta+\gamma=1$$

通过上述分析我们可以发现，反倾销对于进口国整体福利的影响取决于消费者剩余减少量、税收和生产者剩余增加量三者的权重。[1]

---

①　公强，伍楠林. 反倾销税实施对进口国的福利影响[J]. 商场现代化，2008（06）：16-18.

第二节　纠正扭曲：反倾销成本收益分析中的公允价值认定

对于倾销产品的认定需要满足三个关键要素：（1）确实存在倾销；（2）存在对国内进口产业的损害；（3）倾销与损害之间有必然因果联系。只有这三个因素都满足了，才能认定为倾销成立。而这三个关系的认定都需要会计信息的支持。会计信息贯穿于反倾销调查和反倾销应诉的全过程：会计信息首先是对倾销是否存在提供事实依据，接着对倾销幅度及损害幅度提供数量依据，最后对倾销仲裁提供征税依据。没有会计信息，反倾销就缺乏事实依据。[①] 而会计信息中最重要的就是公允价值的认定，因为只有确定了产品的正常价值，即公允价值，才能确定该产品是否存在倾销行为。而公允价值的认定就涉及对企业成本收益的确定，对企业资产的评估。

一、成本的确定方法

成本是反倾销调查的根本依据，是价格的重要组成部分，产品成本计算方法将直接影响被调查产品的正常价值乃至于最终确定倾销是否存在。

目前成本的核算方法主要有五种[②]：

（一）分步法

1. 定义

以产品生产阶段、"步骤"作为成本计算对象，计算成本的一种方法。

2. 成本对象

分步法下的"步"同样是广义的，在实际工作中有丰富的、灵活多样

---

① 吴莹. 新会计准则对我国应对反倾销的双面影响[J]. 现代商贸工业，2008（01）：216-217.
② 许超. 企业常用核算成本的五种方法[N]. 财会信报，2013-12-30（B07）.

的具体内涵和应用方式，分步法下之"步"在实际应用中，可以定义为下列"步"含义：部门——即计算考核"部门成本"、车间、工序、特定的生产、加工阶段、工作中心，上述情况的随意组合。

3. 计算方法及要点

较之其他方法，分步法在具体计算方式方法上很有不同，这主要是因为它按照生产加工阶段、步骤计算成本所导致的。在分步法下，有下列一系列特定的计算流程、方法和含义，分步法成本核算一般有如下要点：按照"步"作为成本计算对象、归集费用、计算成本，成本计算期一般采用"会计期间"法、期末往往存在本期完工产品、期末在产品，需要采用一定的方法分配生产费用。

4. 适用范围

大批大量多步骤多阶段生产的企业；管理上要求按照生产阶段、步骤、车间计算成本；冶金、纺织、造纸企业、其他一些大批大量流水生产的企业等。

（二）分类法

1. 定义

以"产品类"作为成本计算对象、归集费用、计算成本的一种方法。

2. 成本对象

分类法的成本对象为产品"类"，在实际工作中，可以定义为：产品自然类别、管理需要的产品类别。

3. 计算方法及要点

分类法下成本核算的方法要点，可概括如下：以"产品类"为成本计算对象，开设成本计算单；"产品类"的成本计算方法同于"品种"；某"类产品"的成本计算出来后，按照下列方法再分配到具体品种，以计算品种的成本；类中选定某产品为"标准产品"；定义其他产品与标准产品的换算系统；按照换算系统之比例将"类产品"的成本分解计算到具体品种产品的成本。

4. 适用范围

分类法适合于产品品种规格繁多，并且可以按照一定的标准进行分类的企业。如：鞋厂、轧钢厂等。

（三）分批法

1. 定义

以产品批别作为成本计算对象的一种成本计算方法。

2. 成本对象

产品的"批"。分批法是一种很广义的成本计算方法，在实际工作中，有"批号"、"批次"的定义。可以按照下列方式确定成本对象：产品品种、存货核算中分批实际计价法下的"批"、生产批次、制药等企业的产品"批号"、客户订单——即按照客户订单计算成本的方法、其他企业需要并自定义的"批"。

3. 计算方法及要点

分批法在实际工作中的应用要点为：以"批号"、"批次"为成本计算对象开设生产成本明细账、成本计算单。成本计算期一般采用"工期"，一般不存在生产费用在完工产品和在产品之间分配。若生产费用在完工产品、在产品间分配采用定额法。

4. 适用范围

单件、小批生产企业、按照客户定单组织生产的企业——因而也称"订单法"。

（四）品种法

1. 定义

以产品品种作为成本计算对象的一种成本计算方法。

2. 成本对象

品种法的成本计算对象为：产品品种。实际工作中，可以将"品种法"之下的成本对象变通应用为：产品类别、产品品种、产品品种规格。

3. 计算方法及要点

品种法在实际工作中的应用要点为：以"品种"为对象开设生产成本明细账、成本计算单；成本计算期一般采用"会计期间"；以"品种"为对象归集和分配费用；以"品种"为主要对象进行成本分析。

4. 适用范围

品种法适合于大批大量、单步骤生产的企业。如发电、采掘业、管理上只要求考核最终产品的企业。

（五）作业成本法

1. 定义

作业成本法是一种基于产品或服务对作业的消耗而导致资源消耗，从而将成本分配至产品或服务中去的成本核算方法。作业成本法下分配间接费用原则是："作业消耗资源，产品消耗作业。"① 它能够更加合理地分配间接费用，使成本的计算更加合理。

2. 作业成本法的过程

（1）定义业务和成本核算对象（通常是产品，有时也可能是顾客、产品市场等）。这一过程很耗时间。如果两种产品满足的是顾客的同一种需求，那么在定义业务时，选择顾客要比选择单个产品更为恰当。

（2）确定每种业务的成本动因（即成本的决定因素，如定单的数量）。

（3）然后，将成本分配给每一成本核算对象，对各对象的成本和价格进行比较，从而确定其盈利能力的高低。

3. 实施作业成本法带来的主要成效

提供了更真实、更丰富的产品成本信息，由此得到更真实的产品盈利能力信息、产品线、客户市场及资本支出等战略决策相关的信息；不仅有助于更好地控制成本并促进各种增值项目，而且使管理者较容易利用相关成本以进行经营决策使其产品更具竞争力。

---

① 崔建华. 基于应对反倾销的成本会计研究［D］. 东北财经大学，2012.

目前国际上广泛采用和认定的产品成本核算方法是作业成本法。作业成本法的指导思想是："成本对象消耗作业，作业消耗资源"。作业成本法把直接成本和间接成本（包括期间费用）作为产品（服务）消耗作业的成本同等地对待，保证了成本信息的真实可靠性。作业是成本计算的核心和基本对象，产品成本或服务成本是全部作业的成本总和，是实际耗用企业资源成本的终结。在间接费用的分摊上，我国企业采用的成本核算方法，主要包括品种法、分类法、分步法，这些方法通常情况下是以生产车间为间接费用的分配和归集对象。而现在进行产品生产时所发生的费用项目众多，我国传统的成本核算方法下对间接费用的分摊早已不能如实地反映产品的成本，这也不利于成本的追溯和还原。相比而言，作业成本法在进行间接费用分配上更加合理，更能准确反映产品的真实成本，所以采用作业成本法计算的产品成本的信息可信度更高。[①]

二、收益的确定方法

收益是企业在一定时期内创造的最终经营成果，它可以反映和衡量企业的经营绩效。目前，收益的确定方法主要有两种，即"收入—费用"法和"资产—负债"法。"收入—费用"法也称配比法，它根据会计的假设与原则，将收入分配到一定会计期间，并与相关的费用成本进行配比，进而求出收益。在实务中，这一方法严格按照会计原则的要求来确认与计量收入费用，目的是确认某一时期的会计收益，而非确定企业的价值，从而使资产负债表成为收入费用配比后的产物。"资产—负债"法也称计价法，它将会计看作是一种计量资产和负债的手段，是一个资产和负债的估价过程，用这种方法得到的收益就是期初净资产价值与期末净资产价值的差额。[②]

下面是对两种方法的简单介绍：

---

① 田祺. 反倾销成本分析的应用研究［D］. 西华大学，2015.

② 何珊. 初探会计收益确定的模式［J］. 商业研究，2000（03）：10-11.

（一）"收入—费用"法

"收入—费用"法指的是将已实现的收入与相关的成本进行配比后得到的差额作为计算收益的方法。用这种方法计算的收益是由收入确定和成本配比的各种会计规则所决定的结果。[①]"收入—费用"法一般适用对传统会计收益的计算。按照这种方法，收益被看作是所确认的收入与相关的成本费用进行匹配后得到的结果。也就是说，收益是将一定时期的收入减去同一期间的各类相关成本费用后得出。在"收入—费用"法中，资产负债表成了收益表的副产品，资产负债表从属于收益表。[②]

"收入—费用"法的特点是：

1. 将收入和费用看作是最主要的会计报表要素，而将资产和负债要素放到次要的位置。相应地，对收入和费用的确认，看得比对资产和负债的确认更加重要。

2. 强调收入和费用的配比，对于找不到与收入相对应的成本耗费则作为期间费用或作为递延费用进行处理。

3. 依据收益实现原则确定收益，即产生的收益的经营活动必须是已经完成的。也就是说，它计量的收益一般是已实现的收益。

"收入—费用"法确定的收益，满足了经管责任观下，信息使用者的需要。

（二）"资产—负债"法

"资产—负债"法是指直接用企业期初、期末净资产的变动来计算收益的方法。具体地，第一步先计算设定期间两个时点上的资产和负债，确定其净资产价值；然后将期末资产价值于期初资产价值比较来求得该期的损益。[③]"资产—负债"法则适用于对全面收益的计算。在这种方法下，收

---

① 王辉. 综合收益会计[M]. 上海：立信会计出版社，2001.
② 崔建华. 基于应对反倾销的成本会计研究[D]. 东北财经大学，2012.
③ 同①。

益的确定处于从属地位，收益的计量取决于资产和负债的计量，收益表被视为企业一定期间内净资产变动情况的报表，收益表成了资产负债表的副产品。①

"资产—负债"法的特点是：

1. 将资产、负债要素看得比收益表要素重要。资产和负债是两个主要的要素，而损益表要素则是由其派生出来的。

2. 在计量属性上，"资产—负债"法不采用单一计量属性而采用多重计量属性。它特别重视净资产的计价。

3. 通过"资产—负债"法所计算出来的收益包括了企业在一定期间内资产负债价值的全部变化。

"资产—负债"法确定的收益，能满足决策有用观下，使用者的需要。

传统会计收益是指来自企业期间交易的已实现的收入和相应费用之间的差额，不包括本期已产生但尚未实现的利得和损失，而且以现时价格计量收入、以历史成本计量费用，这就导致在物价变动及资产现行价值与历史成本脱离的情况下，按传统收益模式确定的收益只能反映账面业绩，而非真实业绩。全面收益包括报告期内除业主投资和业主派得外一切权益上的变动，它突破了传统收益的实现原则，反映的是企业已发生的全部经济交易、事项、情况所带来的权益变动。

二者对比而言，传统收益服务于受托责任观，全面收益服务于决策有用观。受托责任观认为财务呈报目标是向资本所有人提供有效反映资源受托经营管理责任的履行情况的报告。它认为财务信息的使用者是有限的资源委托者。为了保证财务信息的可靠性，要求报表以历史成本计量属性和实现原则为基础编制，因而导致了报表面向过去，信息含量低。决策有用观认为财务呈报目标是向广泛的信息使用者提供有助于其合理决策的信息。它认为财务信息的使用者是现在的及潜在的投资者、债权人和其他使用者，因此更强调信息的相关性，采用多种计量属性。传统收益体现当期

---

① 崔建华. 基于应对反倾销的成本会计研究［D］. 东北财经大学，2012.

营业观，全面收益体现损益满计观。当期营业观认为，只有那些由管理当局控制并由当期决策引起的正常经营活动的结果才能包括在收益计算中，非常项目的利得和损失应直接列入留存收益。当期营业观强调的是当期经营成果或企业的效率及以此数据来预测将来的经营成果和盈利能力。损益满计观则认为，收益是除股利分配和资本交易外，特定时期内所有的交易或价值重估事项所确认的权益的总变化，包括非常项目的利得和损失。损益满计观以企业连续的整个历史经验为基础，着眼于通过若干个会计期间的会计数据去预测企业未来的经营成果和经营效率。目前，全面收益报告在全世界范围内的使用更为广泛，因为报告全面收益更符合财务报表勾稽理论。资产负债表和收益表之间的勾稽关系应为：本期收益＝期末净资产－期初净资产－本期业主投资＋本期派给业主款。这就要求收益表要反映报告期内除业主投资和派给业主款外一切净资产的变动。由于传统收益表的缺陷，使得某些经济业务产生的价值变动未经过收益表直接列入资产负债表，导致上述勾稽关系的脱节。报告全面收益，将过去绕过收益表直接在资产负债表中列报的项目包括在全面收益中，通过全面收益额来连接资产负债表和收益表，使得资产负债表、全面收益表和收益表之间保持直接勾稽。

随着经济的发展和社会的进步，报告全面收益已经越来越成为会计收益的主流。因此，对于收益的确定方法，"资产—负债"法更符合当前经济和社会的发展形势。

三、汇率风险及其对成本收益的影响

汇率是两国货币所代表的价值的兑换比率。汇率不仅体现了两国货币之间的价值对比关系，而且还在国际金融和国际贸易中具有价格传导功能。[①] 汇率风险又称外汇风险，是指经济实体以外币定值或衡量的资产与负债、收入与支出，以及未来的经营活动可望产生现金流的本币价值因货

---

① 范雪舟. 企业的汇率风险及其防范[D]. 对外经济贸易大学，2006.

币汇率的变动而产生损失的可能性。

　　根据风险的成因和表现形式的不同，汇率风险可以分为：交易风险、经济风险和会计风险。

1. 交易风险

　　交易风险也称结算风险或交易结算风险，指的是以外币计价的交易或持有的货币性资产负债因将来结算汇率的不确定性而引起的应收债权或应付债务实际支付本币现金流量变化的不确定性。交易风险在以外币约定交易时（如签订进出口贸易合同、外币借贷合同）发生，在外汇买卖实际交割时消失。

2. 会计风险

　　会计风险又称转换风险、折算风险、账面风险等。指的是企业在跨国经营活动中进行期末会计报表合并时，因汇率变动对不同币种计价的企业资产、负债、收入与费用按本币折算后可能导致产生会计账面损失的一种风险。会计风险是一种账面报表风险，它产生的主要原因是企业决算日的市场汇率（现行汇率）与交易发生时的市场汇率（历史汇率）往往不一致。

3. 经济风险

　　经济风险也称经营风险或营运风险，是指由于意料之外的汇率变化导致企业未来一定时期内的收益或现金流发生变化的一种潜在性风险。汇率发生变化后，一个企业将面临原材料、劳动力、管理费等价格的相应变化，生产成本也就随之而有所变化，因此，产品的市场价格也将不同，从而影响到顾客对该企业产品的需求量，最终影响企业的最终收益。需要注意的是，经济风险针对意料之外的汇率变动，企业在决策时已经预测到的汇率变动，即意料之中的汇率变动不会给企业带来经济风险。

　　交易风险、经济风险、会计风险在企业的经营活动过程中，所发生的时间是不同的。交易风险是在经营活动过程中产生的；会计风险是发生在经营活动结果中的汇率风险；而企业与其经营收益的汇率风险称为经营风险。从损益结果的衡量上来看，交易风险和会计风险都可以根据会计程序进行衡量，可以用一个明确的具体数字来表示，具有静态型和客观性的特点；而经济风险的衡量则需要根据当前的经济形势和企业整体的经营活动进行预测和分析。它涉及企业财务、市场、生产、价格等各个方面，因此带有一定的动态性和主观性的特点。从衡量风险的时间来看，交易风险和会计风险损益结果只突出了企业在过去已经发生的交易在某一时点的汇率风险的受险程度；而经济风险则要衡量将来某一时段内出现的汇率风险。从企业不同管理层次的角度来看，交易风险可以从单笔孤立的交易，也可以从子公司经营的角度来衡量其风险的损益结果；而经济风险则只能从公司整体来考察。交易风险关系到现金的流动，造成真实的损益。会计风险主要影响企业的资产负债表，和现金流动无关，由它造成的损益存在于账面上。①

在国际贸易活动中常常会涉及货币的兑换，因此外贸公司的利润是与汇率是直接相关的。以中国为例，如果汇率上升，即人民币升值，我国出口的商品价格就会上升，出口商品的数量就会减少，从而导致外贸公司的收益减少；如果汇率下降，即人民币贬值，我国从国外进口商品的价格就会上升，对于进口原材料的公司来说，生产成本就会增加，外贸公司的收益就会减少。

下面详细分析汇率变动在国际贸易中对成本和收益的影响。

（一）汇率变动对产品成本的影响

从商品成本的构成来看，商品的成本主要由材料、人工和制造费用三部分构成。而汇率的变动主要是通过影响原材料的价格来影响产品的成本。汇率对产品成本的影响有两个路径。一个路径是直接影响的路径，以中国的制造业为例，很多企业的原材料是从国外进口的，而对于制造业来讲，原材料的成本在产品总成本中占据较高的比例，当汇率发生变动时，人民币出现升值或者贬值，进口原材料的价格将会出现明显的变化，进而

---

① 范雪舟. 企业的汇率风险及其防范[D]. 对外经济贸易大学，2006.

影响产品的成本。第二个路径是间接影响的路径。汇率的变动能够极大地影响诸如石油、天然气、贵金属等国际大宗商品的价格，而这些国际大宗商品又是最为广泛的基础性生产资料，它们的价格往往会影响很多商品和原料的价格。例如，能源价格的升高使得很多制造型企业的能源成本增高，因为成本具有传导效应，能源成本的升高最终导致终端产品的价格提升，进而影响企业的原料采购成本。除了对原材料的价格产生影响外，汇率的变动也会对额外的费用产生影响，如以美元结算的出口运输费用和保险费等，汇率的变化最终都会造成支付对价的增减变化。[①]

（二）汇率变化对汇兑损益的影响

在进出口贸易中，从订立合同、开立信用证、审证改证再到装船发货，以及之后的议付，每一个过程都要经历一段时间。而在这段时间里，如果汇率发生变动，那么企业实际收到或支付的代价与预定的金额将会产生差异，可能会产生汇兑损益。当对外汇率上升时，企业进口货物将会支付相比预定款项更高的代价，进口商将蒙受汇兑损失。当对外汇率降低时，企业出口货物将会收取相比应收款项更少的金额，出口企业将会蒙受一定的汇兑损失。[②] 总的来讲，汇兑损失产生的原因就是资产或收入的确认时间和现金流入或流出的时间不同造成的。

（三）汇率变化对收入的影响

在国际贸易中，商品的价格是市场竞争力的核心因素，价格的高低直接决定了商品的销量。在国际贸易中，商品的标价通常都是以美元等货币作为标价，而非人民币，出口企业通常需要将自己的报价转换成美元报价，汇率是决定美元价格的唯一因素。[③] 如果人民币升值，对外汇率下降，以美元为标价的商品的价格将会上升，这样将会损害商品的竞争力，造成

---

① 蔡韫. 汇率的变化对产品成本及公司利润的影响[J]. 现代商业，2015（35）：128-129.
② 同上。
③ 同上。

销售和收入的减少。如果人民币贬值，对外汇率上升，以美元为标价的商品的价格将会下降，使得商品在国外市场更具价格优势，能够更好地开拓海外市场，但是如果这种贬值过大并且一直持续很可能会引起外国企业的不满，导致反倾销调查。

（四）汇率变动对企业利润的影响

综合上述分析我们可以看出，汇率的变化会严重影响出口商品的销售价格，或者是进口商品的采购价格，这会对企业的成本或者收入产生影响。对于原料依赖进口的企业，汇率变化风险对于企业的成本将产生巨大的威胁，如果人民币贬值，原料成本将上升，进而影响企业的净利润，并且这种传导机制对企业收益的影响程度非常大，且非常敏感。对于外贸企业，价格往往意味着市场，市场的规模决定了企业的收益情况。当人民币升值时，意味着我国出口商品的相对价格上升，以同样的外币购买到的我国的出口商品的数量将会减少。如果长期以往，我国商品在国外市场的竞争力将会降低，[①] 国外市场对于我国商品的需求也将减少，这会对我国企业的出口贸易造成巨大的打击，严重影响我国出口企业的收益和发展。

对外贸易作为外贸公司主要的交易方式，汇率的变动给外贸公司造成的影响是非常大的，外贸公司只有提高应对汇率风险的能力，才能保障公司的利益，为企业带来更好的发展。外贸公司要想有效地应对汇率风险，应该未雨绸缪，高瞻远瞩，提前做好防范措施，规避汇率变动风险。首先要加强自身的汇率风险防范意识，并建立完善的汇率风险管理体系，提高公司应对风险的能力，降低企业损失；其次，必须慎重地选择对外贸易中的计价货币，同时还要学会根据汇率的变动调整商品的价格和选择最佳的结算时间，将公司利益受汇率变动影响的程度降到最低；最后，必须学会科学、合理地利用贸易融资工具或衍生金融工具，贸易融资工具和衍生金

---

① 蔡韫. 汇率的变化对产品成本及公司利润的影响[J]. 现代商业，2015（35）：128-129.

融工具能够帮助外贸公司规避一定的汇率风险，保证公司的利益。①

四、利率风险及其对衍生金融资产的影响

利率也称"利息率"，是一定时期内利息额与本金的比率，利率是借款人需向其所借金钱所支付的代价，亦是放款人延迟其消费，借给借款人所获得的回报。简而言之，利率是资金的时间价值，是资本这一特殊生产要素的价格。利率风险是指由利率水平变化引起金融机构的资产或负债以及表外头寸的市场价值变化，从而导致其市场价值和所有者权益产生损失的可能性。巴塞尔银行监管委员会将利率风险定义为：利率变化使商业银行的实际收益与预期收益或实际成本与预期成本发生背离，使其实际收益低于预期收益，或实际成本高于预期成本，从而使商业银行遭受损失的可能性。

巴塞尔银行监管委员会将利率风险分为重新定价风险、基差风险、收益率曲线风险和期权风险四类。②

（一）重新定价风险

重新定价风险也称缺口头寸风险，是最常见的利率风险，它产生于银行资产、负债和表外项目头寸重新定价时间（对浮动利率而言）和到期日（对固定利率而言）的不匹配。是在市场利率波动的情况下，由于资产负债表内外头寸价值或金融工具价格距离可以根据市场利率变化而重新调整重新定价的时间长短不同，从而导致其价值和收益发生差异的可能。

（二）基差风险

国内也称之为基准风险。由于资产和负债所依据的基准利率不同或利

---

① 罗均. 汇率变动对我国外贸公司的影响及应对措施分析[J]. 财会学习，2016（01）：244.

② 吴翔宇. 金融衍生工具在利率风险管理中的应用[D]. 南京理工大学，2006.

率变动幅度不一致所引起的风险，称为基差风险。此时即使资产和负债间
不存在利率敏感性缺口，仍会因为利率的变动产生风险。如某银行拥有一
项 1 万元的浮动利率贷款，期限为 1 年，初始利率为 10%，还有一项 1 万
元的定期存款，期限半年，利率 8%。当市场利率在半年后上升了 10%，
由于定期存款已到期，此时客户可以 8.8%的利率继续存入银行，但贷款
利率则上升到 11%了，银行的净利差扩大了，这种差异缘于计算的基准利
率不同，从而导致利率的变动幅度也不一样。

(三) 收益率曲线风险

收益率曲线是将各种期限债券的收益率连接起来而得到的一条曲线，
即，收益率曲线是利率的期限结构示意图。收益率曲线风险产生于收益率
曲线斜率和形状的变化，以及人们根据现有收益率曲线对未来利率趋势预
测时可能出现的偏差。收益率曲线的斜率会随着经济周期的不同阶段而发
生变化，使收益率曲线呈现出不同的形状。正收益率曲线一般表示长期债
券的收益率高于短期债券的收益率，这时没有收益率曲线风险；而负收益
率曲线则表示长期债券的收益率低于短期债券的收益率，这时有收益率曲
线风险。

(四) 期权风险

国内也称之为选择权风险。选择权风险是指利率变化时，银行客户
行使隐含在银行资产负债表内业务中的期权给银行造成损失的可能性。
如利率水平大幅上升时，存款者则会从银行取出其原先的定期存款，再
以目前较高的利率存入银行，而以其作为资金来源的贷款则未发生变化，
这样因为资金成本的上升，银行的净利差收入将减少。反之如利率水
平大幅下降时，贷款者则会提前或加速偿还其贷款，再以目前较低的
贷款利率取得新的贷款，而与其相对应的作为资金来源的存款则未发
生变化，这样因为贷款利息收入的减少，银行的净利差收入将会减少。
利率的变动幅度越大，变动速度越快，这种风险对银行净利差收入的

影响就越大。

利率风险主要受到以下五个因素的影响。

（1）宏观经济环境。当经济发展处于增长阶段时，投资的机会增多，对可贷资金的需求增大，利率上升；反之，当经济发展低靡，社会处于萧条时期时，投资意愿减少，自然对于可贷资金的需求量减小，市场利率一般较低。

（2）央行的政策。一般来说，当央行扩大货币供给量时，可贷资金供给总量将增加，供大于求，自然利率会随之下降；反之，央行实行紧缩式的货币政策，减少货币供给，可贷资金供不应求，利率会随之上升。

（3）价格水平。市场利率为实际利率与通货膨胀率之和。当价格水平上升时，市场利率也相应提高，否则实际利率可能为负值。同时，由于价格上升，公众的存款意愿将下降而工商企业的贷款需求上升，贷款需求大于贷款供给所导致的存贷不平衡必然导致利率上升。

（4）股票和债券市场。如果证券市场处于上升时期，市场利率将上升；反之利率相对而言也降低。

（5）国际经济形势。一国经济参数的变动，特别是汇率、利率的变动也会影响其他国家利率的波动。同样，国际经济形势的变动也会对各国利率的变化产生影响。

表 5-1　利率风险的管理方法

利率风险的管理方法	具体内容
平滑法	维持固定利率借款与浮动利率借款的平衡
匹配法	使具有共同利率的资产和负债相匹配
远期利率协议	一般是企业与银行间就未来的借款或在银行存款的利率达成的协议
子公司现金余额的集中	有利于避免为借款支付高额利息，还能够更容易地管理利率风险
利率期货	大多数期货合同包含利率，且这些合同会提出对利率变动风险进行套期保值的方法，实际上是在打赌利率会上升还是会下降

利率风险的管理方法	具体内容
利率期权	赋予买方在未来到期日按照商定利率（执行价）交易的权利，而非义务； 利率保证：对一年以内的单个期间进行套期的利率期权； 上限、下限和双限：上限是指为利率设定的最高限度，下限是指设定的最低限度。双限是同时设定上限和下限。
利率互换	利率互换是指两家公司，或者一家公司与一家银行，互相交换利率承诺的协议

资料来源：［加］约翰·C. 赫尔（John C. Hull）. 期权、期货和其他衍生品（第8版），北京：清华大学出版社，2017.

衍生金融资产也叫金融衍生工具或金融衍生产品，是与基础金融产品相对应的一个概念，指建立在基础产品或基础变量之上，其价格随基础金融产品的价格（或数值）变动的派生金融产品。这里所说的基础产品是一个相对的概念，不仅包括现货金融产品（如债券、股票、银行定期存款单等），也包括金融衍生工具。作为金融衍生工具基础的变量则包括利率、汇率、各类价格指数、通货膨胀率甚至天气（温度）指数等。

金融衍生工具有以下几个主要功能：（1）规避风险，套期保值；（2）价格发现作用；（3）增加市场流动性；（4）降低融资成本；（5）资产负债管理。

目前最主要的金融衍生工具有：期货合约、期权合约、远期合同和互换合同等。

1. 期货合约

期货合约是指由期货交易所统一制定的、规定在将来某一特定时间和地点交割一定数量和质量实物商品或金融商品的标准化合约。

2. 期权合约

期权合约是指合同的买方支付一定金额的款项后即可获得的一种选择权合同。

3. 远期合同

远期合同是指合同双方约定在未来某一日期以约定价值，由买方向卖方购买某一数量的标的项目的合同。

4. 互换合同

互换合同是指合同双方在未来某一期间内交换一系列现金流量的合同。按合同标的项目不同，互换可以分为利率互换、货币互换、商品互换、权益互换等。其中，利率互换和货币互换最为常见。

衍生金融工具具有以下四个特征。

1. 衍生性

衍生金融工具是传统金融工具的衍生品，衍生金融工具的价值受到传统金融工具和市场的影响。衍生金融工具的衍生性其操作起来更加灵活，作用机理更加复杂。

2. 杠杆性

衍生金融工具同其他金融工具一样，风险与收益并存，具有博弈性质。它既具有套期保值作用，也具有杠杆效应。衍生金融工具的持有人通过少量的保证金或者佣金就可以达到以小博大的杠杆效果，而且当投资者的预期与金融衍生工具未来的变动情况一致时，则会给持有人带来更为丰厚的收益；与此同时，高收益就意味着高风险，一旦某一投资环节出现问题，投资者将会面临很大的金融风险，会被强行平仓。衍生金融工具的杠杆性在给投资人带来高收益时，同时也意味着高风险的存在。[①]

3. 未来性

衍生金融工具作为合约，它体现了交易双方的权利义务，但这种权利的使用或义务的履行不是发生在当下的，而是未来约定的时期。收益在未来实现，具有相对的未来性。

4. 风险转移性

衍生金融工具最初的使用目的是为了规避风险，它可以将风险在交易者之间转移。衍生金融工具品种丰富，形式多样。衍生工具可以通过小的付出获得一定的收益，具有规避风险的作用；同时也可以降低交易成本。

---

① 孟令素. 浅议金融衍生工具的风险防范及会计处理[J]. 现代商业，2017（19）：164-165.

利率风险对衍生金融资产的影响主要是对利率衍生工具（主要包括：远期利率协议、利率期货和利率互换）的影响。远期利率协议、利率期货、利率互换的使用是为了能有效地使应用者的利率风险得以控制。但这些工具的一个特点便是用一种确定性去替代未来利率波动所造成的不确定性。然而，不确定性本身包含着两种可能性，即利率在未来时期中可能上升也可能下降，这意味着利率波动可能给面临风险者带来损失也可能带来收益。远期利率协议、利率期货、利率互换在避免了未来利率变动可能带来的风险的同时也让使用者失去了获取它可能带来的收益的机会。因此，由于利率风险难以预测，它对衍生金融资产的影响也是难以确定的。

第六章 反规避：反倾销的延伸及其对公允价值变动的影响

本章从跨国公司转移定价等经营活动入手，进一步探讨反倾销、反补贴等措施对公允价值变动的影响。

第一节　跨国公司的转移定价及其对反倾销的影响

一、转移定价概念

1979 年，经合合作与发展组织（OECD，经合组织）关于《转移定价的报告》(The OECD Report on Transfer Pricing) 序言中提到，转移定价是一个中性概念，它是指涉及跨国企业中各所属经济实体间商品、劳务和无形资产转移的一种内部定价机制。有学者认为，转移定价是一个子单元（部门或分公司）就自己向同一组织内其他子单元提供产品或服务时收取的价格，当公司的各个责任中心之间高度相关时，转移定价可能带有强制性。[①]

欧洲学者普遍认为，转移定价引起了价格的系统性操纵以及人为减少利润，避免税收和关税，使有关政府遭受损失，因此有必要通过公允价值认定其正常价值，避免政府损失。这个观点与美国观点对比鲜明，后者认为转移定价为分权组织的管理提供了必要的公司内收费机构。本书赞同美国及经济合作与发展组织（OECD）的观点，将转移定价视为中性的，并将转移定价定义为：组织（单一公司，集团或跨国公司）各子单位（部门或分子公司）相互交易资产（有形，无形及金融）技术或者服务的内部定价结构。本书中分别用转移定价和转移价格来表示过程和静态金额。

---

① 崔健波. 企业定价研究. 上海：立信会计出版社，2016.

二、转移定价对正常价值确定的影响

(一) 跨国公司转移定价的作用

依据不同的标准可以把倾销分为不同的种类，但最常见的就是依据倾销持续时间及危害程度来划分。一般分为以下几类。

1. 逃避税收

主要是逃避所得税和关税，由于各国不同地区税率的高低、课税范围的大小、税制体系等方面存在着差异，使得相同的利润在不同的国家所交纳的税额是不同的。跨国公司为了获得更多利润，尽量减轻税负，这是避税的主观原因，也是避税的客观原因。

2. 逃避风险

一是消除外汇风险，外汇风险无处不在，汇率的大涨大跌会直接影响跨国公司的盈利。跨国公司为了避免汇率波动的风险或获取汇率差价的利益，往往利用转移定价使有关子公司提前或延缓支付或把损失转移给中方企业。通过指定使用某种货币用于支付，母公司可以由买方或卖方子公司承担外汇风险。二是避免政治风险，东道国没收或国有化是跨国公司最担心的。跨国公司为了使风险降到最低，常常使用转移定价对子公司采用高售价，索取高额服务费，或以低价大量调出子公司产品，或将资本调出等方法，使子公司陷入"亏空"状态，或将利润和资本从东道国转移出去。

3. 获得竞争优势

转移定价是跨国公司获得竞争优势的法宝。跨国公司在海外新建子公司时，运用转移定价向新建子公司供应低廉的原料、产品和服务，高价买进子公司产品，帮助子公司迅速打开局面，树立良好信誉；对竞争异常激烈的市场，总公司以转移定价维持低价倾销，争夺市场，对付竞争者；或者通过资金、技术、原材料等的支持来扶持在华合资企业，使其能有可观的利润，从而能顺利地得到我国的贷款，扩大销售。

4. 调整利润

当子公司在东道国的经营具有较高利润时，可能会遇到许多麻烦，如工会要求提高工资，东道国政府要求重新谈判等。对此，跨国公司可能利用掌握的采购权和销售权，通过转移定价的形式降低子公司的账面利润，掩盖实际业绩，侵吞东道国的应得利益，减少来自政府、工会、合作伙伴等方面的压力。

5. 避开通货膨胀

在很多情况下，通货膨胀使东道国的货币贬值，使国际企业蒙受损失。因为通货膨胀使公司的金融资产购买力下降，所以国际企业通常都尽可能快地将多余资金或利润转移回母公司或位于其他国家的子公司，这就要依靠转移价格手段。另一方面，子公司在国外取得的利润一般必须在年底结算后才能汇出，通过转移价格，就可以提前转移公司的利润，避免东道国货币贬值带来的影响。

当跨国公司实施转移定价策略保证企业利益时，进口国为了保证本国以及本国相关行业的利益，会对跨国公司采取反倾销的措施。

（二）实施反倾销措施的必要条件

WTO《反倾销协议》规定只有同时满足三个条件，进口国才可以实施"反倾销"措施：（1）确实存在"倾销"；（2）存在对进口国国内产业的损害或威胁；（3）认定倾销与损害或威胁之间存在必然的因果关系。

仅从这三个必要条件来看，当反倾销的申请人出于维护自身利益的考虑提出了反倾销调查的要求时，被诉企业只要能证明实际情况不符合上述三个条件中的任何一条，就可以使进口国反倾销当局最终裁定不采取反倾销措施。因此在应对反倾销调查的过程中，被诉企业一般都是着力从三个方面提出抗辩，只要有一方面抗辩成功就能胜诉。

（1）出口产品没有构成"倾销"——证明产品的出口价格没有低于正常价值；

（2）进口国国内产业没有受到损害，或者即使出口产品构成"倾销"，但进口国国内产业也没有受到损害；

（3）被诉产品即使"倾销"，和损害之间也没有因果关系。比如证明损害是别国产品造成的。

（三）正常价值在反倾销诉讼中的地位分析

根据 WTO《反倾销协议》，将"正常价值"和出口价格进行公平比较后，就能得出是否倾销的认定。不过，一般而言，出口价格较为简单，弹性小，比较容易确定。相反，"正常价值"的确定却比较复杂，弹性大，在倾销认定中起关键作用。它的高低直接影响据以征收反倾销税或者做出"倾销幅度"的认定。因此从某种意义上说，正常价值的确定是反倾销诉讼中的关键问题所在，也是公允价值观在国际经贸活动中的主要体现。[①]

（四）正常价值的实质及确定方法

1. 正常价值的实质

WTO《关于实施关税及贸易总协定第六条的协定》（以下简称《协定》）并没有明确指出正常价值（normal value）的本质，而是给定了三种确定方法。《协定》2.2 条规定："当出口国国内市场上不存在正常贸易过程中该同类产品的销售时，或者由于该市场的特殊情况，或者由于在出口国国内市场的销售量太少致使这些销售不允许进行适当比较时，则倾销幅度应通过与该同类产品出口到一个适当的第三国的可比价格（如果该价格是有代表性的话）进行比较而认定，或者与原产地国的生产成本，加上合理数额的管理费、销售费和一般费用以及利润，进行比较认定。"

2. 正常价值的确定方法

根据该规定，正常价值可以采取三种价格形式：当出口的被调查产品满足供出口国国内消费、在正常贸易过程中、是同类产品和具有可比的价格四个条件时，正常价值为出口国国内销售价格；当出口国国内市场上不存在正常贸易过程中同类产品的销售时，或者由于该市场的特殊情况，或者由于在出口国国内市场的销售量太少致使这些销售不允许进行适当比较

---

① 王刚. 基于正常价值的反倾销会计问题研究[D]. 厦门大学，2007.

时，正常价值采用第三国出口价格或"推算出口价格"。

在实践中，欧美国家专门设置针对所谓"非市场经济国家"带有歧视性的三种正常价值确定方法，即替代国价格、替代国结构价格以及来自第三国产品的国内买卖价，并且往往高估替代国的正常价值，从而将本来不存在的倾销夸大到惊人的程度并课征重税。

以欧盟针对我国出口彩电提出反倾销指控为例，欧盟选取了新加坡作为劳动力成本和市场价格的参照，并依此确定反倾销幅度。而新加坡人工成本与我国相差很大，完全没有可比性，但却据此对中国彩电征收高达44.6%的反倾销税；中国特定条件下的原材料成本和一些具体费用开支的调整，如原材料便宜等成本优势，就应该根据中国企业的实际情况测算，会计可以陈述有关资料和数据，列出计算公式，加减的项目在依法尽可能有利于我方的前提下确实予以加减。

又如美国商务部 2012 年在对中国蘑菇的反倾销调查中，选用印度尼西亚为"替代国"。印尼位于赤道附近，气候炎热，气温很高，蘑菇是在空调房里生长的。中国的蘑菇是生长在福建、浙江一带，气候温和，不需要使用空调设备。在计算中国蘑菇正常价值时，就应该从印尼的生产成本中扣除空调费用，然而美国商务部以空调费用不详为由，拒绝从印尼的生产成本中扣除空调费用，因而裁定中国蘑菇倾销。

从这些案例可以看出，欧美国家一般通过高估中国产品替代国的正常价值，达到提高倾销幅度的目的，这已经成为各国公司在全球市场上应对中国产品冲击的一个重要砝码和反倾销手段。因此，正常价值的确定在反倾销调查中具有关键作用。

根据美国和欧盟的反倾销法，中国仍然不属于"市场经济国家"，在计算中国企业产品的正常价值时，反倾销调查当局拒绝使用中国企业本身的内销价格或成本，却采用某个第三国的替代数据。这一"替代国"做法，往往导致高估中国企业产品的正常价值，从而人为或较易得出构成倾销或倾销幅度较大的结论，造成大量不合理和不公正的裁决。

在反倾销应诉中，替代国的选择问题往往是申诉人与被诉人争论的焦点，因为替代国的选择事关是否存在倾销和倾销幅度的大小。申诉人总是想方设法选择国内价格较高的替代国，以证明倾销存在，而应诉人则争取选择国内价格较低的替代国，以证明倾销的不存在或倾销幅度很小。

从以上双方对于正常价值确认的情况，可以清晰地看出转移定价对于正常价值的影响。转移定价的出现意味着反倾销，而反倾销出现必然要对倾销案件中的商品进行正常价值的认定，出口企业和进口国针对该商品展开各自的手段来证明是否是倾销或者倾销的幅度大小等，势必会影响正常价值的确定。

三、公允价值认定对转移定价的纠正

（一）"公允价值"的定义

反倾销调查中的"正常价值"是指在正常贸易过程中出口国供消费的同类产品的可比价格。国际反倾销协议要求，计算"正常价值"的成本通常应以被调查的出口商或生产者保存的记录为基础进行计算，只要此类记录符合出口国的公认会计原则，并合理反映与被调查产品有关的生产和销售成本。主管机关还应考虑关于成本适当分摊的所有可获得的证据，包括出口商或生产者在调查过程中提供的证据，只要此类分摊方法是出口商或生产者一贯延续使用的，特别是关于确定资本支出和其他开发成本的适当摊销和折旧期限及备抵的证据。

值得提到的是，1994 年之前，美国反倾销法中没有使用"正常价值"这个词，只有意思相近的"公平价值"一词。所谓"公平价值"，是指对外国市场价值的一种估价。所谓"外国市场价值"，其含义相当于国际协议中所指的"正常价值"。也就是说，国际协议所规定的在非正常贸易条件下的销售，经过调整成为正常贸易条件下的销售价格，就是美国反倾销法所说的"公平价值"。

这个价值可能是以市场经济国家作为替代国的价格，也可能是以非市场经济国家生产要素的数量乘以一市场经济替代国的价格再加上合理的销

售管理费用以及利润幅度后的数额。因此，正常价值的法律概念所反映的实际上是一种公开的市场价格的概念。如果存在这种活跃的公开市场，则一般采用公开市场上的销售价格或要约价格来计算；如果不存在这种活跃的公开市场，或者由于国家控制经济，要素价格不是由市场决定的，则要采用一个与被调查国经济发展水平相当的、存在活跃的公开市场的国家的价格水平或者要素价格来计算所谓的"正常价值"。

实际上，反倾销法典中所反映的就是这么一个"公允价值"。这样看来，不管是"正常价值"、"公平价值"还是"公允价值"，其概念的内核都是一致的，即能够体现市场正义的公开交易价格。① 因此，在反倾销调查中，公允价值是否充分应用就成为不可或缺的基本条件。

1."公允价值"的内涵及与市场价值的关系

源于法律概念的公允价值是指得到公众认可的价值，具有很大的主观性，最终取决于行为人的主观判断。如果人们觉得采用历史成本原则作为计量属性比较公允，则公允价值就是历史成本；如果人们觉得采用重置成本能够反映资产的真实价值，则重置成本就可以看作是公允价值。因此，公允价值并不是一种确切的计量模式，只不过是人们对资产真实价值的一种近似估计。

会计领域一直沿用历史成本的计量模式，遵循稳健原则和追求客观性原则。随着经济的发展，特别是金融市场的发展，历史成本的计量模式受到了前所未有的挑战。由于财务报告中的资产是以历史成本计价，并没有考虑一些重要因素影响，如通货膨胀和过时贬值，所以资产的账面价值与现行的市场价格有差异。在一些国家，如英国，土地和建筑物有时被重新估价以反映假设其出售的价值增值。但是，在大多数国家，公司不对资产的历史成本做任何调整，其结果可能使财务报表缺乏可比性。这种现象不仅存在于某一特定时点的不同公司之间，同一公司拥有的不同资产之间也存在这样的问题。相比之下，公允的市场价值具有与经营现状相关的

---

① 潘煜双. 公允价值的适用性：基于反倾销调查的分析[J]，国际商务（对外经济贸易大学学报），2006（2）.

特点。

在此背景下，公允价值概念引入了会计领域。1990 年 9 月 10 日，美国证交会主席 Richard C. Breeden 首次提出应当以公允价值作为所有金融工具（而不论其是否可销售）的计量属性。美国财务会计准则委员会（FASB）先后颁布了 SAFS105、107、115、125、133、140 等一系列旨在推动公允价值会计的会计准则，将公允价值作为初始确认的计量和后续期间重新开始确认的计量所追求的目标。同时，国际会计准则委员会（IASC）也较多地采用了公允价值。IASC32 号准则《金融工具：披露与列报》认为：公允价值是指熟悉情况并自愿的双方，在公平交易的基础上进行资产交换或债务结算的金额。如果金融工具在活跃和流动的市场上交易，其标明的市价（需经实际交易发生的交易费用调整）提供了公允价值的最好依据。美国会计准则委员会（FASB）第七辑公告把公允价值定义为，在当前的非强迫或非清算的交易中，自愿双方之间进行资产（或负债）的买卖（或发生于清偿）的价格。国际会计准则委员会（IASC）认为，公允价值是"指在公平交易中，熟悉情况的当事人自愿据以进行资产交换或债务清偿的金额。"我国企业会计准则认为，公允价值是在公平交易中，熟悉情况的交易双方，自愿进行资产交换或债务清偿的金额。

从公允价值的定义可以看出，公允价值的确定条件是公平交易；交易双方对所进行的交易活动是熟悉的；交易的双方都是自愿的。[①] 从经济学的角度来看，一项资产最能反映其真实价值的是公平市场上的价格。在一个完全竞争的市场上，集中了来自各方面的供给者和需求者，人们通过各自掌握的信息和估计进行竞价，从而消除了个别供给者或需求者的偏见。因此，完全竞争市场上的交换价格能够公允地反映人们对该项目真实价值的估计，可以看作是公允价值。公允价值最大的特征就是来自于公平交易的市场，是参与市场交易的理智双方充分考虑了市场的信息后所达成的共识，这种达成共识的市场交易价格即为公允价值。由此可见，公允价值作

---

① 曲国霞. 现代会计计量基础的选择[J]. 山东大学（哲学社会科学版），2003（3）.

为来自于公平市场的确认，是一种具有明显观察性和决策相关性的财务会计信息，是指在公平的市场交易中，自愿的双方所达成一致的市场交易价格。[①]"公允价值"与市场价值有着天然的联系。在国际评估准则体系中，市场价值是指自愿买方与自愿卖方，在评估基准日进行正常的市场营销之后所达成的公平交易中，某项资产应当进行交易的价值估计数额，当事人双方应各自精明、谨慎行事，不受任何强迫压制。市场价值应当是在评估基准日内市场上能够合理形成的最可能价格，这个价格既是卖方能够合理获得的最好价格，也是买方能够合理获得的最有利价格。市场价值评估明确排除了由于某些特殊条款或特殊情形所造成的价格上升或下降，这些特殊条款或特殊情形包括不正常的融资和反租协议、由任何人提供的与交易有关的特殊补偿或减免以及任何形式的特殊价值。由此可见，市场价值是交易双方当事人都认为合理并被认同的价值，因而从交易双方当事人角度考虑资产价值问题可以参考公允价值。交易双方当事人面对被交易资产，大体上可从三方面来判定其价值：一是从收益角度来判断，考虑被交易资产能为购买者创造多少未来的收益；二是从成本角度来判断，考虑从市场上获得同类资产所需支付多大金额的费用；三是从市场角度来判断，考虑从市场上获得同类资产所需支付的价格。如果交易双方基于上述考虑而得到的资产价值认识一致时，即可达成直接的交易；如果交易双方有交易的愿望，但限于双方的立场不同，因不具备专业知识、不了解足够的信息等原因，而对被交易资产的价值认识不一致时，可聘请中介服务行业的资产评估机构为其提供一种估价意见。此时，公允值就是以评估的市场价值作为计量的基础。

"公允价值"与市场价值也存在明显的区别：（1）市场价值假定资产处于最佳使用状态，而公允价值是假定资产处于交易时的特定状态，不一定是最佳使用状态；（2）市场价值要求资产有充分的市场营销期，而公允价值不能满足市场价值所要求的进行正常清理的充分时间；（3）市场价值

---

① 潘煜双. 公允价值的适用性：基于反倾销调查的分析[J]. 国际商务（对外经济贸易大学学报），2006（2）.

的实现是假定在一个公开和竞争性市场上，而公允价值对此并无严格的要求，只需双方认可；（4）市场价值的确定一般采用市场比较法和收益现值法，而公允价值不仅可以采用市场比较法和收益现值法，还可采用历史成本重置法等；（5）市场价值是资产评估师根据特定的评估对象、评估目的，选择适当的评估假设，通过资料的搜集、检验，并运用恰当的评估方法和评估程序等特定的手段分析判断资产的价值，而公允价值是资产交易的双方基于多种因素的考虑，得到双方均认可的资产价值表现形式。

最能代表公允价值的是在市场经济中可以观察到的、由市场价格机制所决定的市场价格。市场价格是市场交易各方承认和接受的。历史成本就是过去的市场价格，现行成本是当前的市场价格，它们都是用于会计计量、由市场价格转化的形式。因此，为了真实公允地进行计量，市场价格应是会计计量中的基本计量属性。1961年著名会计学家莫里斯·穆尼兹（Maurice Moonitz）在《会计研究文集》（ARS）No. 1 "会计的基本假设"中列为基本假设B类第2个假设就是市场价格（market prices），这是很有远见的。但是，如果某项资产或负债没有可观察到的、由市场直接决定的市场价格，却有合约规定的或可以预期的未来现金流入可用于估计的，就可以运用现值技术去探求公允价值。如何尽可能合理地、客观地选用合适的估价方法，是公允价值会计推行中迫切需要解决的问题。目前，常用的公允价值的估价方法分为三类：成本法、市场法、收益法。所谓成本法是指以资产的重置成本和企业的净资产来计量企业或资产公允价值的方法。重置成本又称为现行成本，是指在今天获得一项具有相类似效用的可替代资产所付出的成本。所谓市场法是利用类似项目的市场信息来对所估价项目的公允价值进行估价的方法。

市场法是在无法为所计量项目找到市场价格，也找不到可参考的类似项目的时候，通过参考类似项目的市场信息，来进行公允价值估价的方法。所谓收益法是将自己的未来经济收益按照一定的比率折现，得到所计量项目的现值作为其公允价值，又被称为现值技术。这三种方法不是孤立的，而是相互联系、互相验证的。很多专家在进行公允价值的估价时，往往同时考虑三种方法，并将三种方法所得到的结果进行比较，从而得到一个更为精确的估价结果。

（二）"公允价值"对反倾销调查的影响

国际反倾销法中的"公允价值"主要体现市场经济条件下的正常贸易，维护公平交易。美国现行《反倾销法》对"非市场经济"国家的定义为：经确定不按成本或价格结构的市场原则运作而导致其境内的产品销售不反映产品的公平价值的任何一个他国。欧盟对中国市场经济问题的反倾销法修正案也提出申请市场经济资格的 5 个条件，其中之一是有足够证据表明企业有权根据市场供求情况决定价格，成本投入等不受国家明显干预，主要原料的成本价格能反映其市场价值。如果中国出口商、生产商根据政府施加的价格控制来确定产品价格，则有条件市场经济地位的申请将会被拒绝。

跨国公司大多通过转移定价进行内部采购等相关活动去为公司争取最大的利润或者利益，但是一旦这个价格低于正常价值，很大程度上这些跨国公司会遭受东道国倾销的指控进而被采取反倾销措施，一旦被认定为倾销，严重的惩罚机制会大大损害公司的利益，这对于为了争取最大利润而通过转移定价进行内部采购的公司而言可谓是得不偿失。

而对公允价值的认识将会在一定程度上帮助公司很好地控制损失，将利益最大化的风险降到最低。

通过对公允价值的阐述以及公允价值认定方式介绍，可以清晰地认识到对公允价值的认定是跨国公司的重要性。在实施转移定价进行内部采购的过程中，必须要严格对此项实体商品或者其他虚拟商品的公允价值进行认定，将转移定价的这个"价"按照国际认定的公允价值方法来定价，在一定程度上，这样能够摆脱进口国对于企业倾销的指控。

第二节　国际经济投融资活动中的公允价值变动

一、国际融资活动对正常价值的影响及其会计纠正

（一）国际融资的定义

国际融资是指各国及地区的资金需求者通过不同途径在国际间向资金供应者进行资金融通的行为。[①] 国际融资的需求者通常包括政府机构、企业主体、商业银行、进出口商、证券经纪人和投机商等国际金融市场上资金的供应者，主要指商业银行、投资银行、各国中央银行及各种类型的多边官方金融组织。企业国际融资包括在国际融资之内，是国际融资的一个重要方面。企业国际融资是指企业为了实现自身的理财目标，在全球范围内筹集其所需资金的财务管理活动，即企业为了满足自身业务发展的需要，在国际金融市场上通过举债、发行股票、发行债券等方式融通资金的行为。

（二）国际融资对正常价值的影响以及公允价值的认定

1. 汇率对国际融资以及正常价值的影响

企业在进行国际融资过程中，必然涉及多国货币，融资成本不可避免地会受汇率变动的影响。随着金融市场的国际化和跨国经济的发展，汇率风险在各种金融风险中变得越来越重要。造成汇率变动的主要原因有一国经济实力的变动决定了该国货币的坚挺或疲软，国际收支情况对一国汇率的变动发生直接影响，一国货币价值总水平是影响汇率变动的一个重要因素，利率水平的高低和变化会引起短期汇率的变动，政府的财政赤字常常用作汇率预测的变化指标，政府的汇率政策及市场操作会直接影响汇率的

---

① 安砚贞. 国际融资. 北京：中国人民大学出版社，2011.

上浮或下浮，外汇投机活动对国际金融市场上的汇率变动起到了推波助澜的作用。国际社会中突发性的重大政治和军事事件直接影响汇率的波动。在考察汇率变动情况时，上述这些因素有时单独起作用，有时共同起作用，同一变动因素在不同的国家、不同的时间所起的作用也不相同，所以汇率变动是一个极其错综复杂的问题，其给国际融资带来的风险也十分巨大。

在推算出口价格，也就是结构价格来对正常价值进行认定时，推算合成产品的真实价值、估计产品价值量，这种方式对正常价值的认定弹性极大，包括汇率变动、通货膨胀、通货紧缩以及技术进步都是正常价值确定的影响因素。其中，汇率的变动是对正常价值影响最大的一个影响因素。而国际融资活动的各个阶段伴随着汇率变动等因素的影响，尤其是长期的融资活动，其时间跨度极大，这时候，汇率的变化对于最后的资产、资本价值以及产品的成本的认定造成了极大的障碍。

而认定正常价值所采用的结构价格与资产、资本价值以及产品的历史成本的认定有关，相关机构在推算结构价格时没有一个可确定的参考值，这就使得正常价值的弹性过大，对正常价值的确定有极大的影响。

2. 对公允价值的认定

长期以来，基于可靠性的要求，会计领域一直采用历史成本的计量模式，遵循稳健原则和追求客观性原则。随着经济的发展，特别是金融市场的发展，历史成本的计量模式受到了前所未有的挑战。财务报告中的资产大多以历史成本计价，一般并没有考虑一些重要因素影响，比如通货膨胀和技术进步造成的过时贬值，所以资产的账面价值与现行的市场价值往往有差异。在一些国家，如英国，土地和建筑物有时被重新估价以反映其增值。但是，在大多数国家，公司不对资产的历史成本做任何调整，其结果可能使财务报表缺乏可比性。这种现象不仅存在于特定时点的不同公司之间，即便是同一公司拥有的不同资产之间也存在类似的问题。

相比之下，公允的市场价值具有与经营现状相关的特点。在此背景下，公允价值概念被引入了会计领域。颜延认为："公允价值的本质就是市场价格，这是由其价值计量的目标所决定的，反观反倾销法中所谓的正常价值，从会计计量属性来看，就是公允价值，其本质是一种基于活跃市场的信息评价，是市场而不是其他主体对商品价值的认定。"①

换言之，法律要求正常价值是公允的，是基于一个抽象的公开市场而不是基于任何特定主体之间的交易，这与公允价值的内涵是一致的。在市场经济中，活跃公开的市场被誉为看不见的手，是公平和正义的代名词。因此，在活跃公开市场下的市场价格便成为人们所共同接受的价值表现的公允形式。

同时，衍生金融工具与国际融资息息相关，而公允价值是衍生金融工具最为相关的会计计量属性，一方面，公允价值具有高度相关性与可靠性，为公允价值会计计量模式提供了充分的理论依据；另一方面，衍生金融工具会计面对政治、经济发展的新情况，采用公允价值会计计量属性是现实的选择。比如国际融资利率风险管理的套期保值工具的应用，主要包括货币互换、利率互换、远期利率协议、利率期货和利率期权。

以货币互换为例，货币互换是指双方将等值、期限相同但币种、计息方法不同的债务或币种不同、计息方法相同的债务进行货币和利率的调换。货币互换存在的主要原因是互换双方因信用等级、所处地理位置、取得资金的难易程度以及对不同金融工具使用的熟练程度等不同，在金融市场上具有不同的比较优势。通过货币互换将一种货币的债务调换成另一种具有比较优势货币的债务，从而降低借款成本或防止由于远期汇率波动造成的汇率风险损失。

案例1：甲公司出于投机目的，2014年6月1日与外汇经济银行签订了一项60天期以人民币兑换2 000 000美元的远期外汇合同。有关汇率资料如下表所示。

---

① 颜延. 会计报表中衍生产品的信息披露研究——美国的经验与启示[J]. 会计研究，2013（4）：32-37.

表 6-1　即期汇率与远期汇率之间关系

日期	即期汇率	60 天远期汇率	30 天远期汇率
6 月 1 日	1 美元＝6.22 元人民币	1 美元＝6.25 元人民币	
6 月 30 日	1 美元＝6.26 元人民币		1 美元＝6.28 元人民币
7 月 30 日	1 美元＝6.27 元人民币		

（1）6 月 1 日签订远期外汇合同时，风险于收益时对等的，此时，合同的公允价值为 0，无需做账务处理。

（2）对于远期外汇合同而言，合同的公允价值取决于合同净头寸的金额和性质。在案例 1 中，6 月 30 日 30 天的远期汇率为 1 美元＝6.28 元人民币，远期合同的净头寸为 60 000 元。因为，按远期外汇合同的约定，A 企业按 1 美元＝6.25 元人民币的汇率购入 200 万美元，6 月 30 日 30 天的远期汇率上升 0.03，在预计汇率上升的情况下，仍然按照合同中的较低汇率购入美元，则产生 60 000 元的收益，即（6.28－6.25）乘 2 000 000。6 月 30 日，该合同的公允价值为 60 000 元。会计处理如下：

借：衍生工具——远期外汇合同　　　　　　60 000
　　贷：公允价值变动损益　　　　　　　　　　60 000

（3）远期汇率与即期汇率尽管存在着差异，但随着合同逐渐接近到期日，合同存续期内即期汇率和远期汇率之间的差异会越来越小，二者最终在到期日重合。7 月 30 日合同到期日，即期汇率与远期汇率相同，都是 1 美元＝6.27 元人民币。A 企业按 1 美元＝6.25 元人民币购入 200 万美元，并按即期汇率卖出 200 万美元。从而最终实现 40 000 元的收益。会计处理如下：

借：期货保证金　　　　　　　　　　　　　　20 000
　　贷：套期损益　　　　　　　　　　　　　　20 000
借：银行存款——美元户（2 000 000 乘 6.27）　12 540 000
　　贷：银行存款——人民币户　　　　　　　　12 540 000
　　　　衍生工具——远期外汇合同　　　　　　40 000
同时：

借：公允价值变动损益   40 000

    贷：投资收益   40000

甲公司的上述做法是通过远期外汇合同标的物——美元对人民币汇率的变动获取价差收益。实际上，交易性的远期合同不仅可以通过合同标的物价值的变动获取价差收益，还可以通过合同本身公允价值的变动谋取利益。签订交易性的远期外汇合同后，在大多数情况下，企业并不将合同持有至到期日，而是当企业认为能够取得最高价格时将合同出售，以谋取合同价差收益。

在国际融资里面，金融衍生工具在其中极其重要，而对于这一类金融衍生工具的会计处理（公允价值的确认）是非常重要的环节，直接关联着双方的利益，以上举了一个例子来说明会计纠正在特定金融衍生工具中的使用，对于其他类别的金融衍生工具的会计纠正就不做过多的阐述。

二、国际投资活动对正常价值的影响及其会计纠正

（一）国际投资的定义

国际投资是国际间发生的投资行为，或者说是一国的个人、企业、政府对他国进行的跨国界投资。个人或企业进行国际投资，可以获得较国内更高的经济效益。政府通过国际投资，可以解决政治外交的问题，改善对外双边关系。政府参与的国际投资，通常与国际发展援助联系在一起。与一般投资一样，国际投资的基本属性也是趋利性。但国际投资在实际运作中比国内投资要复杂得多。

参与国际投资活动的资本形式是多样化的。它既有以实物资本形式表现的资本，如机器设备、商品等，也有以无形资产形式表现的资本，如商标、专利、管理技术、情报信息、生产诀窍等；还有以金融资产形式表现的资本，如债券、股票、衍生证券等。

参与国际投资活动的主体是多元化的。投资主体是指独立行使对外投资活动决策权力并承担相应责任的法人或自然人，包括官方和非官方机

构、跨国公司、跨国金融机构及居民个人投资者，而跨国公司和跨国银行是其中的主体。

国际投资活动是对资本的跨国经营活动。这一点既与国际贸易相区别，也与单纯的国际信贷活动相区别。国际贸易主要是商品的国际流通与交换，实现商品的价值；国际信贷主要是货币的贷方与回收，虽然其目的也是为了实现资本的价值增值，但在资本的具体运营过程中，资本的所有人对其并无控制权；而国际投资活动，则是各种资本运营的结合，是在经营中实现资本的增值。

（二）规避的定义

规避措施是反倾销措施的延伸与发展。国际贸易中的"规避"是指一国出口企业对反倾销税所采取的规避行为，即一国出口商品在被另一国征收反倾销税的情况下，出口商通过各种形式和手段来减少或避免被征收反倾销税的行为。因此，"规避"通常被认为是反倾销措施的必然产物。

国际投资的类型多样，其目标也是各不相同。反倾销补偿投资描述的是贸易与投资之间的一种跨时期关系，即厂商从一个时期利润最大化角度看投资虽然会带来损失，但投资本身会减少在下一个时期东道国政府采取贸易保护主义的可能性，因此从贸易和投资的相互联系角度看，会实现第二期的利润最大化。由于对第一期损失的补偿在可以预见的第二期改善，因而将这种投资称为补偿投资。补偿投资不同于关税引致投资，后者是为了绕过关税而用投资来替代出口，而补偿投资的目的在于减少东道国采取保护措施的可能性。对外直接投资可以规避由低价竞争导致的反倾销认定，特别是由发展中国家比较优势度相近的产业之间的低价竞争导致的反倾销，积极利用境外直接投资方式，这一方面可以将这些过剩的生产能力转移出去，另一方面又可以直接或间接绕过各种贸易壁垒。[1] 20 世纪 80 年代末著名的"改锥反倾销案"，即日本、韩国等国家的出口产品在被欧共

---

[1]　何毅. 规避反倾销的中国对外直接投资模式研究[D]，中南大学，2004.

体裁定倾销并征收高额反倾销税之后，上述国家的出口商为了逃避反倾销税的制裁，纷纷进入欧共体直接办厂，建立起成本极低的"改锥工厂"，通过在欧共体境内进行生产并就地销售的办法重新进入目标市场。出口国企业原本对进口国出口的是产品成品，而在境外设厂之后，出口的是制成品的零件，然后在境外设立的厂对零件进行生产和销售。

（三）各种投资类型的规避行为

1. 生产转移型投资

积极利用境外直接投资方式，一方面可以将这些过剩的生产能力转移出去，另一方面又可以直接或间接绕过各种贸易壁垒。而且参与国际竞争，可以获得先进的技术和管理经验，这样也可以促进国内的技术进步和产业升级。

2. 市场整合型投资

从现实经济规律来看，一旦行业内市场竞争过于激烈，低价致使行业内利润降低，则总是会出现优胜劣汰，行业则面临着整合，这时，对外直接投资进行国际产业整合，便成为可能。通过市场整合型投资，整合国际上的竞争对手，提高国际市场占有率和企业利润率，摆脱国与国之间低价竞争的恶性循环，达到规避反倾销的目的。

3. 技术获取型投资

国际反倾销的历史和现状可以证明，产品的技术层次越高、越有自主知识产权的产品，遭到的反倾销也越少。开展以技术获取为目的的对外直接投资，可以最大化利用发达国家技术集聚地的外溢效应，一方面，在条件具备的情况下，可以在当地生产，直接绕过贸易壁垒。另一方面，可以将海外研发机构的研究成果在国内迅速转化、投入生产，使"新型工业化"道路尽快实现"研发在外、应用在内"的格局，通过直接投资的方式在发达国家购并高新技术企业、跨国公司的研发部门，或者与当地拥有先进技术的高技术企业合资设立新技术开发公司，雇佣当地工程师、科研人员、管理人员和熟练工人，利用当地的先进设备，可以最大限度地获取技术集聚所产生的外溢效应，然后运用于国内，提高国内生产技术水平。

（四）国际投资对正常价值的影响

基于上节我们所讲的国际投资以及规避内容，可以看出国际投资对正常价值确定的影响极其复杂。对正常价值的认定，包括出口国国内市场销售价格、第三国出口价格和出口国结构价格，选择哪个作为正常价值也存在争议，另一方面，我们知道，对于规避发达国家的反倾销，投资的"目标国"是发达国家，绕道的"第三国"则包括生产成本低的发展中国家，或者是与发达国家签定了贸易协定的发展中国家，而不论是对第三国的直接投资还是对目标国的直接投资，都会对生产成本、管理费用、销售成本和一般费用及利润等产生影响，这些都是正常价值确定的因素。同时邓宁的国际直接投资折衷理论也强调了，在研究国际直接投资问题时，与传统国际资本流动有两个不相同的地方：其一是进行国际直接投资的企业可以获得较大的利益，其二是强调这类企业可以节省交易成本。

我们在第一节中就提到了对于正常价值的会计纠正就是公允价值的认定，而在此节中，应当对公允价值的估计采用"成本法估值技术"，指反映当前要求重置相关资产服务能力所需金额的估值技术，如历史成本趋势法、单位成本法、产量法等。这是因为卖方市场参与者获得或构建一项具有可比效用的替代资产的成本按投资调整后的金额。

三、国际知识产权交易对正常价值的影响及其会计纠正

（一）国际知识产权交易的定义

1. 知识产权定义

知识产权，也称其为"知识所属权"，指"权利人对其智力劳动所创作的成果享有的财产权利"，一般只在有限时间内有效。各种智力创造，比如发明、外观设计、文学和艺术作品，以及在商业中使用的标志、名称、图像，都可被认为是某一个人或组织所拥有的知识产权。知识产权是

关于人类在社会实践中创造的智力劳动成果的专有权利。随着科技的发展，为了更好保护产权人的利益，知识产权制度应运而生并不断完善。如今侵犯专利权、著作权、商标权等侵犯知识产权的行为越来越多。17 世纪上半叶产生了近代专利制度；一百年后产生了"专利说明书"制度；又过了一百多年后，从法院在处理侵权纠纷时的需要开始，才产生了"权利要求书"制度。在 21 世纪，知识产权与人类的生活息息相关，到处充满了知识产权，在商业竞争上我们可以看出它的重要作用。

2. 国际知识产权交易及其形式

（1）知识产权交易是指法人、具有民事行为能力的自然人和其他经济组织之间发生的知识产权的有偿转让行为。

知识产权交易的基础条件有两个：一是要有明晰的知识产权界定。根据科斯定理，当交易费用大于零时，只有权利界定清晰，市场机制才有可能使资源配置达到最优。知识产权交易只有明晰权利人、受益人，才可能使知识产权流动起来，否则将由于交易费用过高而无法进行。二是要有进行交易的场所——知识产权市场。知识产权市场是科技、经济、社会发展的必然产物，通过知识产权市场，可以快捷、便利和有效率地配置资源，从而促进科技创新、经济发展。由于知识产权的范围较广，知识产权交易的内容就比较丰富，包括专利权、版权、商标专用权、集成电路布图设计等。二是知识产权交易活动复杂。知识产权交易包括卖方的推广介绍、买方调查分析和中介机构的中介服务如合法性调查、知识产权价值评估等活动，比普通商品交易活动要复杂得多。

（2）国际知识产权交易的形式

①国际知识产权转让。即一国受让方通过与另一国的知识产权所有人之间的知识产权转让协议而获得该项知识产权。知识产权从附载在有形商品上的无形财产到其本身成为可交易的产品已不再新鲜，早在 20 世纪 90 年代就有"三流企业卖力气，二流企业卖产品，一流企业卖技术"的说法，其中的"一流企业"如今尤以拥有强大知识产权资源优势的跨国公司为代表，其销售的产品也已经从专利权扩及商标权、版权等其他知识产权

类型。例如，中国的吉利集团收购美国沃尔沃公司，其中涉及的专利技术即为专利权转让；美国可口可乐公司并购中国汇源企业的案例中，"汇源"商标本身是最重要的交易标的之一，其涉及的是商标权转让；好莱坞大片《复仇者联盟》能在中国公映，也是因为中国方面购买了该部电影作品的发行权，其涉及的是著作权转让，这些都是知识产权转让的具体形式。通过转让知识产权，企业往往能获得可观的经济收益，尤其一些规模较小的高科技公司通过出售其产品专利就能够获得扩大规模以进一步发展的资金支持。但知识产权转让同时也意味着丧失知识产权的所有权，因此知识产权所有人往往又慎于使用这种方式。由于知识产权较有形货物的特殊性，其同时可为多个主体同时使用，因此现实中的知识产权贸易多采用以下形式。

②国际知识产权许可。在不动产法中意指"被允许在许可方的土地上，从事一定的行为或对其放弃的一定土地权利的使用……它创设了一个有利于受方的特权"；在一般民商事法律中，指可撤回的、他人可以从事一定行为的允诺，如不经允诺而为之则为违法。"简言之，许可是在不转让财产所有权的条件下让渡财产中的权利。"可见，许可可能涉及任何种类的财产。知识产权许可，即知识产权被许可方通过与知识产权许可方之间的许可使用协议，支付一定的费用取得某项知识产权的使用权。许可作为一种契约关系也常常被称作许可协议或许可证。

（二）国际知识产权交易对正常价值的影响以及公允价值的认定

1. 知识产权与正常价值

由于知识产权并非实物，对于其价值的判定比较困难，包括成本法、收益法以及市场法都不能准确估算其价值，存在片面性、静态性不足的缺陷，同时因为知识产权的无形性、未来收益的不确定性和较高风险性，以及变现方面存在的困难和风险，导致了知识产权的价值评估之难。而且其交易的形式呈现多样化，国际知识产权交易转让和国际知识产权许可等都对于其正常价值的确定有不同的要求。知识产权价值评估之难，难在如何根据市场取向，确定市场认可的客观价值并在此基础上根据交易具体情况进行主观调整，以使评估结果容易为市场所接受，从而实现知识产权的顺利流通和便利交易。

2. 公允价值和溢价价值

知识产权的价值可以分为公允价值（或基础价值）和溢价价值（或发现价值）两部分。公允价值是下限价值（即公允的基础价值），溢价价值是上限价值（即交易各方主观认同的在基础价值之上的溢价价值，溢价多少依主观认同的程度而不同）。

以著作权为例，著作权的公允价值就可能包括"作为知识财产的著作权交易市场许可费、著作权价格、数据编辑费、数据输入费、软件使用费、硬件使用费、网络经费等，这是由著作权交易市场最小值论展开的著作权交易市场的多样性决定的。

为了保证知识产权价值评估的客观性，有以下几个原则应该予以综合运用。

第一，及时性原则。知识产权有保值难（价值易消减性）的特点，价值可控性差，许多环节很难预料和控制，容易产生"价值漂浮"。对处于变动状态的知识产权价值而言，评估价值与知识产权价值往往不一定等值。一般而言，知识产权的价值会因为科技的发展与应用情况的变化而处在不断的变化之中，大多数情况下会因时间的流逝而逐渐降低。因此，围绕市场交易的知识产权评估时间越接近越及时，评估的结果就会越准确。

第二，价值类型原则（即方法服从于评估目的）。不同的主观目的决定了评估的侧重点不一样。从融资角度研究知识产权价值评估，重点在于研究知识产权收益能有多大的还本付息能力，除了从质押融资角度研究知识产权价值评估外，还有其他几种主要的知识产权价值评估研究角度：如从股权投资角度研究知识产权价值评估，重点在知识产权经济状态的评估，即研究知识产权商业应用前景及未来可能的经营收益情况（如能否连续三年盈利，达到企业上市条件从而通过上市退出）；还有以"进一步研发"为目的的知识产权价值评估（技术状态评估），侧重于对知识产权所蕴含的技术的产业前景进行评估；以及对知识产权价值法律状态的评估等。而且因为评估目的不一样，对知识产权价值可能进行全部评估也可能进行部分评估。

第三，规则统一性原则。要有统一的无形资产评估准则，提高知识产权价值评估的可操作性，规范评估中的随意性。我国虽然制定了无形资产评估准则，但操作性不强，尚未形成规范化、系统化的知识产权评估体系，评估的随意性比较强。为此，要适应知识产权融资创新的需求，不断完善相关法律法规，并建立规范的评估标准和专业的评估机构，由专业的评估机构和人员（通常为各种评估中介机构和注册资产评估师）根据相关法律、法规和资产评估准则，对知识产权的价值进行分析、估算并发表专业意见。

第四，数据决定原则。所有的知识产权价值评估方法都可概括为数据分析法，都要依赖有质量保证的数据来源。所以能否获得真实、有效、全面的数据，决定了评估方法的选取。或者说，获取数据的条件和能力在事实上决定了评估方法的选取。在这个意义上说，数据质量决定评估方法。

第五，复合评估原则。复合评估法是知识产权价值评估的通行做法。复合评估法指为了获得评估结果的准确性，通常要根据评估对象的特殊性质、所能获得数据的质量和数量，确定一种评估方法作为主要评估方法，再以两到三个以上的其他评估方法获得的评估结果进行参验。多种评估方法的综合运用，能使评估结果的准确度得到很好的调校。

第六，专利的深度检索原则。知识产权评估须以专利检索、分析工作为基础。知识产权评估的核心要素，即撰写知识产权评估报告的重点在于开展专利、专利技术的深度检索、分析、评估等依靠对技术的检索、分析，工作团队既要熟悉相关技术也要熟悉相关市场。虽然资产评估的基本方法有成本法、收益法、市场法三种，但具体到无形资产，因为知识产权的技术含量较高，对知识产权价值评估来说，基本方法有检索法、成本法、收益法、市场法四种，其中以知识产权检索为主要内容的检索法是其他几种方法能付诸实施的依据和基础。

第七，知识产权评估工作的专业化原则。知识产权也称智力成果权，其技术含量是很高的，对知识产权的价值评估，即使交易（流转）各方可以根据自己的接受度来对知识产权价值达成一致意见，还是要通过专业的评估机构（最好是中立的中介机构）来给出更为权威、相对准确的评估意见。从这个意义上说，知识产权价值评估属于专业中介机构承担的技术工作。为此，要大力发展知识产权中介机构（评估机构和担保机构等）。

第七章　新趋势：经济新常态下国际反倾销中公允价值认定的新特征与理论前瞻

本章主要介绍经济新常态下国际反倾销的新特征及其发展趋势，介绍不同国家国际反倾销公允价值的认定框架，最后介绍反倾销中国际公允价值认定的理论前沿。其中反倾销公允价值认定是以美国、欧盟和中国等发展中国家为例进行说明的。公允价值认定的理论前沿则是介绍穿透式监管和衍生金融资产处理。

第一节　经济新常态下国际反倾销新特征及其发展趋势展望

一、21 世纪经济新常态下国际反倾销的最新特征

2014 年 11 月 9 日上午，国家主席习近平出席亚太经合组织（APEC）①工商领导人峰会并做题为《谋求持久发展 共筑亚太梦想》的主旨演讲。在演讲中，习近平主席提出了中国新常态的论断。中国经济新常态的主要特征有②：新常态下，中国经济增速虽然放缓，实际增量依然可观；新常态下，中国经济增长更趋平稳，增长动力更为多元；新常态下，中国经济结构优化升级，发展前景更加稳定；新常态下，中国政府大力简政放权，市场活力进一步释放。

在经济新常态的机遇下，中国的国际反倾销新特征有以下几点。

（一）全球反倾销案例总量居高不下

关税壁垒作为传统贸易壁垒的主导形式，已经在世界贸易组织（WTO）推进全球贸易自由化和世界各国或地区的进口关税税率不断降低的大环境下名存实亡，与此相应的是，反倾销便逐渐成为世界贸易组织允许的维护公平竞争，保护本国工业免受进口产品冲击，保护国内产业，实

---

① 2014 亚太经合组织（Asia-Pacific Economic Cooperation，APEC）：2014 年 APEC 会议是由亚太经济合作组织发起的会议，是继 2001 年上海举办后时隔 13 年再一次在中国举办，于 11 月中旬在北京召开，包含领导人非正式会议、部长级会议、高官会等系列会议。
② 李欣悦. 中国经济新常态特征研究. 全国商情·理论研究，2016（30）.

现对本国贸易保护的合法手段。① 随着国际贸易自由化进程的推进，进口配额和许可证等人为的干预措施日益减少，世贸组织允许单边使用的控制进口措施已寥寥无几，反倾销措施越来越成为各国极力寻求使用的贸易保护武器。②

反倾销成为当代国际贸易中越来越重要的贸易壁垒，主要体现在两个方面：

（1）全球反倾销调查的立案数量迅速攀升。根据 WTO 反倾销数据库资料，③ 20 世纪 80 年代初，全球每年仅由少数几个国家发起，反倾销调查立案数量很小，但到了 1999 年就达到 300 多起。WTO 成立以后，随着新的反倾销规则的全面实施，全球反倾销调查数量与最终实施数量不断攀升，直到 2001 年以后，全球的反倾销案例数量才呈现下降趋势。但是，好景不长，自 2008 年美国金融危机以来，反倾销调查总量有所抬头，涉案金额不断增大（详见图 7-1）。

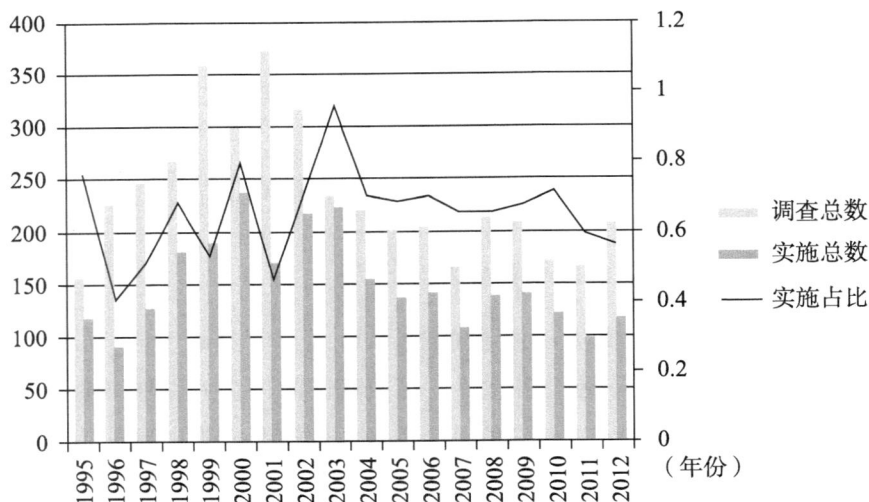

图 7-1 1995—2012 年全球反倾销调查总数与实施总数比较

① 陈泽瑾. 反倾销对中国出口的影响[J]. 劳动保障世界，2017（20）.
② 梁艳蓉. 中国遭遇欧美反倾销制裁的原因分析及对策研究. 复旦大学，2007.
③ WTO 反倾销数据库：https://www.wto.org/english/tratop_ e/adp_ e/adp_ e.htm.

（2）反倾销涉及的产品种类已经扩展到很多领域。传统的反倾销立案主要针对本国一些支柱性产品在遭到国外严重倾销时才进行，而自我国加入 WTO 的第一年年底，全球遭到反倾销调查的产品种类已经超过 3000 余种，涉及的贸易总量达 1000 亿美元以上。①

（二）数量型反倾销案例不断增多

按照引起倾销的主要因素，可以把倾销分为价格倾销和数量倾销。传统的倾销多以价格倾销为依据，但是近些年来，发展中国家经济飞速增长，发展中国家劳动者素质的提高，劳动力的价格也普遍上升，使得其相对比较优势开始逐渐丧失，价格不再是企业进行市场开拓的有效工具，以价格为主要手段的传统倾销方式也正在减弱。② 与此相对应，发展中国家高速发展的劳动生产率以及追赶性国家竞争战略的发展，很多国家已经开始追求出口商品的数量型扩展。

数量型倾销是指一个国家在一段时间内的某项产品出口数量猛烈地增加，以致对进口国可能产生实质性损害或者实质性损害威胁性行为。例如，美国进口自中国的苹果汁 1995 年为 2660.72 吨，而 1998 年 1—8 月达到 20 420.48 吨，数量增幅接近 10 倍，引起美国生产厂商的恐慌。③ 又如，据海关统计，我国光伏产品 2006 年的出口数量为 1365 万件，而 2009 年达到 868 381 万件，增幅达数百倍。不过，目前国际上对倾销的判断大多数还是依据进口商品的价格和其原产国的正常价格之间的比较来确定的，还没有形成数量型倾销的调查体系，因此，这也给数量倾销的发展带来了更大的隐蔽性和发展的空间。据不完全统计，目前国际反倾销立案中每年有超过 1/3 的案件可以归咎于发展中国家的过度出口所引起的数量反倾销案例，而且，这种趋势在未来很长的一段时期内可能还有进一步发展的趋势。④

---

① 韩冰. 新形势下中国应对反倾销问题研究[D]. 中共中央党校，2014.
② 孙磊. 拉美国家反倾销法中正常价值确定的比较研究[D]. 对外经济贸易大学，2002.
③ 王钰. 国际贸易壁垒的经济分析与对策研究. 北京：中国财政经济出版社，2008.
④ 叶全良. 论国际反倾销及其发展趋势. 中南财经政法大学学报，2005（1）：76-82.

(三) 涉及发展中国家反倾销案例不断增多

1. 发展中国家遭受反倾销调查的比重越来越大

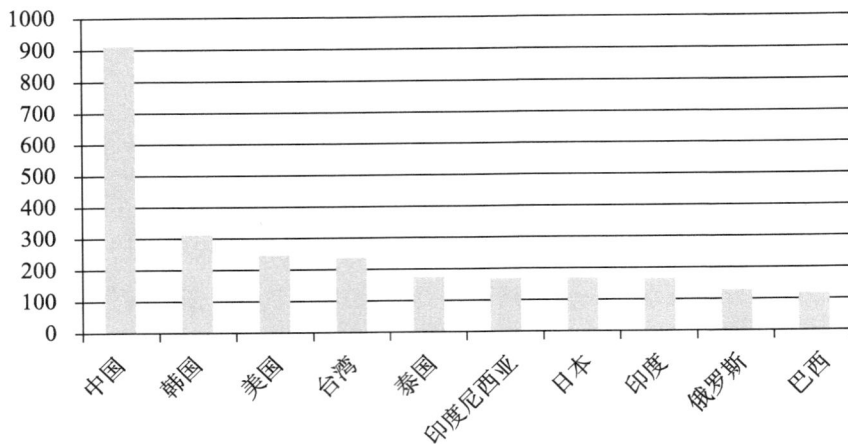

图 7-2　1995—2012 年遭受反倾销调查最多的十个国家或地区比较

随着发展中国家在国际贸易中不断发展，发展中国家在国际反倾销调查中越来越成为调查的重点，根据 BOWN 教授全球反倾销数据库资料，[①] 1995—2012 年在遭受反倾销调查最多的十个国家或地区中，除了美国和日本，全部是发展中国家，达 2210 起，占全部调查数量 4230 起的 52.2%（图 7-2）。

2. 发展中国家也是发起反倾销调查的重要推动力量

在 20 世纪 80 年代中期以前，国际上绝大多数反倾销案都是由美国、欧盟、澳大利亚等发达国家提起，他们是"反倾销的传统国家"，而且反倾销的目标主要集中在发展中国家，成为其中的主要推动力量。[②] 但是，自 20 世纪 90 年代中后期以来，发展中国家的反倾销立案数量正迅速增加，而且反倾销的目标可能是发达国家，也可能是发展中国家，变得更加复杂

---

① BOWN 教授全球反倾销数据库：http://people.brandeis.edu/~cbown/global_ad/ad/.
② 张曼. 发展中国家对中国反倾销的贸易效应：理论分析与实证检验. 贵州大学，2015.

化和多元化。据统计，发展中国家的反倾销立案比例已经由从 20 世纪 80
年代的不到 3% 快速升至 50% 以上。1995—2012 年间，发起超过 100 起反倾
销调查以上的国家有 12 个，发展中国家占据 8 个，占 2/3 之多（图 7-3）。

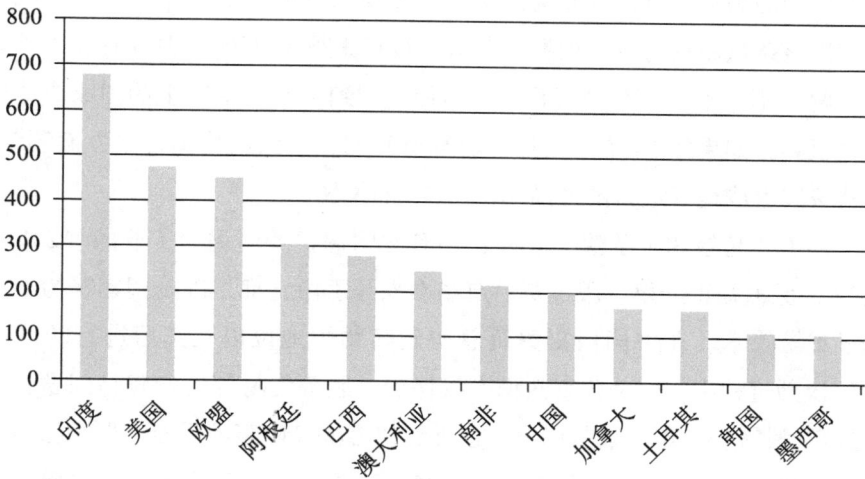

图 7-3　1995—2012 年发起超过百起反倾销调查的国家比较

（四）美国等发达国家的贸易保护手段更加隐蔽

中国经济的迅速崛起，美国等发达国家对外贸易的优势逐渐下降，对
进口产品的依赖性逐渐加大。与其他发达国家相比，美国跨国公司急剧发
展，资本大量外流，产品的生产成本增高，竞争力明显下降。为了力挽颓
势，美国便公开亮出令对手难以破解的"新贸易保护主义"[①] 之剑。

从 20 世纪 70 年代中期开始，美国由于贸易逆差上升，立即抛弃自由
贸易的主张，试图以非关税措施实行贸易保护主义。到目前为止，美国各
种限制性非关税条款已超过 400 种，诸如进口限制、自动出口限制、反倾

———————

① 新贸易保护主义（New Trade Protectionism）：又被称为"超贸易保护主义"或"新重商主
义"，是 20 世纪 80 年代初才兴起的，以绿色壁垒、技术壁垒、反倾销和知识产权保护等非关税壁
垒措施为主要表现形式。目的是想规避多边贸易制度的约束，通过贸易保护，达到保护本国就业，
维持国际分工和国际交换中的支配地位。它们在维护民族利益，保护资源与环境的旗帜下，行
保护之目的，具有名义上的合理性，形式上的隐蔽性，手段上的欺骗性和战略上的进攻性等特点。

销等。与此同时，美国还不时采取贸易谈判措施，迫使与它有巨额贸易顺差的日本等国开放市场。

美国经常使用的贸易保护武器是"超级 301 条款"①，这是美国单独制定和使用的制裁条款，只要美国认定对方存在所谓"不公平"贸易，就可以使用该条款制裁对方。根据该条款，每年 3 月 31 日至 9 月 3 日，美国要对所谓"不公平"贸易情况排队，迫使登记到"黑名单"上的国家或地区与之谈判，如果经 18 个月谈判不能解决问题，美国就将实行单方面制裁，对从该国家或地区进口的商品加征 100% 的关税。

除了"超级 301 条款"之外，还有专门保护美国钢铁工业的"201 条款"②、保护知识产权、服务贸易市场准入等手段，都是以美国解释为准的隐形贸易战术。在中国恢复关贸总协定缔约国地位以及其后进行的"入世"谈判过程中，中美曾就知识产权保护、服务贸易等隐形贸易问题，前后进行了长达 13 年的艰苦谈判。这类看似合法又隐蔽的手段，严重扭曲了贸易流向，由此产生的贸易摩擦已经损害了美国的贸易形象，也阻碍了世界贸易自由化的进程。

（五）反倾销问题成为国际贸易多国博弈的焦点

世界贸易组织规则本身就是各成员国相互博弈的结果。我国加入世界贸易组织，是参与世界经济的进一步深化，也意味着应对多国博弈将成为

---

① 美国"超级 301 条款"是广义的"301 条款"的一种，该条款始见于美国《1974 年贸易法》第 310 条，《1988 年综合贸易与竞争法》第 1302 条对其内容进行了补充。"超级 301 条款"的核心是"贸易自由化重点的确定"，除不公平措施与知识产权保护问题外，还涉及出口奖励措施、出口实绩要求、劳工保护法令、进口关税及非关税壁垒等，是针对外国贸易障碍和扩大美国对外贸易的规定。

② 美国 201 条款，英文名称：US Section 201，指美国 1974 年贸易法 201~204 节，现收在美国法典 2251~2254 节。根据 201~204 条款的规定，美国国际贸易委员会（USITC）对进口至美国的产品进行全球保障措施调查，对产品进口增加是否对美国国内产业造成严重损害或严重损害威胁做出裁定。USITC 完成调查后向总统提交报告并提出措施建议，由美国总统做出最终措施决定。2002 年 3 月 20 日，对进口钢铁启动全球保障措施调查（即"201"调查）。2017 年 5 月 17 日，USITC 对进口晶体硅太阳能电池及组件启动"201"调查，2017 年 5 月 31 日，USITC 对进口家用大型洗衣机启动"201"调查。

对外贸易的常态。2001 年坎昆会议使"香蕉战争"① 演变成农产品贸易的多国博弈是一个鲜活的事例，也拉开了我国参与对外贸易多国博弈的序幕。随着中国经济实力的迅速增强，截至 2017 年底，中国的进出口总额达到 4.15 万亿美元，已经连续多年超过美国成为世界第一大货物贸易国（图 7-4）。这种巨变也对欧盟形成了巨大压力，担忧中国经济的强大会对全球经济构成挑战和威胁。如何在实现自身利益同时又顾及对方的利益？是合作还是对抗？其中的多重变数往往导致世界贸易组织各成员国在出口贸易中倾销与反倾销的贸易拉锯战。为了制衡中国，欧盟有意加强同美国的协调和合作，这种多方博弈产生的复杂经贸关系和利益冲突，已在一定程度上影响了中国对外贸易的进一步发展。

二、国际反倾销的发展趋势

改革开放的三十多年中，我国的对外贸易一直稳步增长，自 2001 年加入世界贸易组织以来，呈现快速拉升趋势。中国进出口贸易总额从 2001 年的 5096.5 亿美元，增长到了 2016 年的 36642 亿美元，15 年间增长超过 6.2 倍，② 并且自 2013 年超过美国，已经连续多年成为世界第一大对外货物贸易国（图 7-4）。但是，与此同时，随着中国进出口贸易的快速增长，中国的出口贸易也日益面临着越来越严重的反倾销调查与贸易限制。2000 年以来，我国出口产品每年差不多都有 50~60 起反倾销案件，而且涉案金额也越来越大，比如 2003 年以来美国对我国的 11 起反倾销案中，有 5 起超过 1 亿美元，彩电反倾销案件将近 5 亿美元，木制家具的涉案金额更大。中国加入世界贸易组织的 16 年来，"世界最大的反倾销受害国"境遇基本没有改变，而且仍然"遥遥在上"。随着中国进入经济新常态，国际反倾销具有以下趋势。

---

① 香蕉战争（Banana Wars）：是在中美洲和加勒比海地区发生的一系列循环冲突，由美国主导的经济保护。

② 国家统计局. 中国统计年鉴（2017 年）. 北京：中国统计出版社，2017.

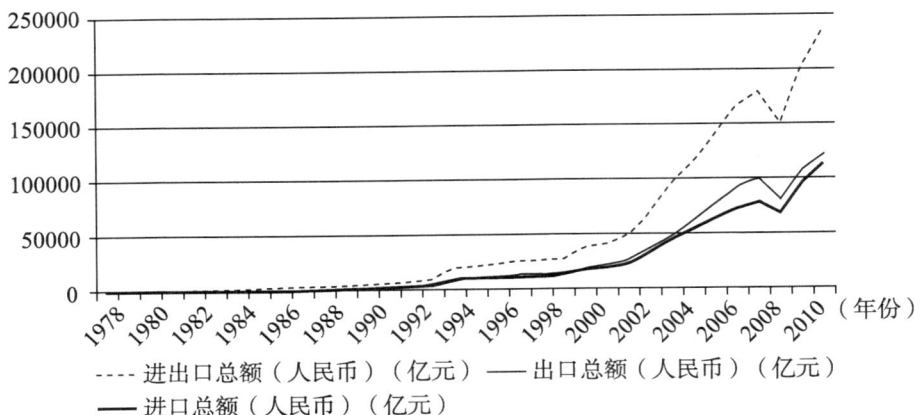

图 7-4　1978—2011 年中国进出口贸易发展趋势

数据来源：中经网统计数据库。[①]

（一）中国被最终实施反倾销措施的案例已经呈下降趋势

值得肯定的是，金融危机以后，经过我国商务部、行业协会和各涉案企业的共同努力，我国被最终征收反倾销税的案例自 2009 年的 56 起的高点，近几年呈明显下降趋势，2012 年降至 34 起。而全球被最终征收反倾销税案例最多的其他几个国家或地区的这种下降趋势并不明显，这说明我国在应对反倾销问题上已经取得了一定成效。

（二）发展中国家成为对我国发起反倾销调查的主力军

我国加入世界贸易组织前后的多数时间里，主要是发达国家利用中国尚未完全得到市场经济地位，通过反倾销实施贸易保护，但从 2005 年起，发展中国家（包括印度、阿根廷、巴西、南非等国）对我国反倾销明显增加。从反倾销调查的发起国来看，发展中国家，特别是一些新兴市场，对我国发起的反倾销案件数量已经超过发达国家。[②] 从对 1995—2012 年对中

[①]　中经网统计数据库：http://db.cei.cn/page/Default.aspx.

[②]　李想. 发达国家对华反倾销对我国贸易影响实证分析. 经济管理（文摘版）. 2016（6）：2.

国发起反倾销调查最多的十个国家或地区来看，发展中国家占六成之多
（图 7-5）。而且，印度超过美国，成为对我国发起反倾销调查最多的国家；
而土耳其对我国发起的 61 起反倾销调查中，有 57 起最终实施了反倾销措
施，实施的占比 93.4%，所以，发展中国家对我国的反倾销调查不容
忽视。

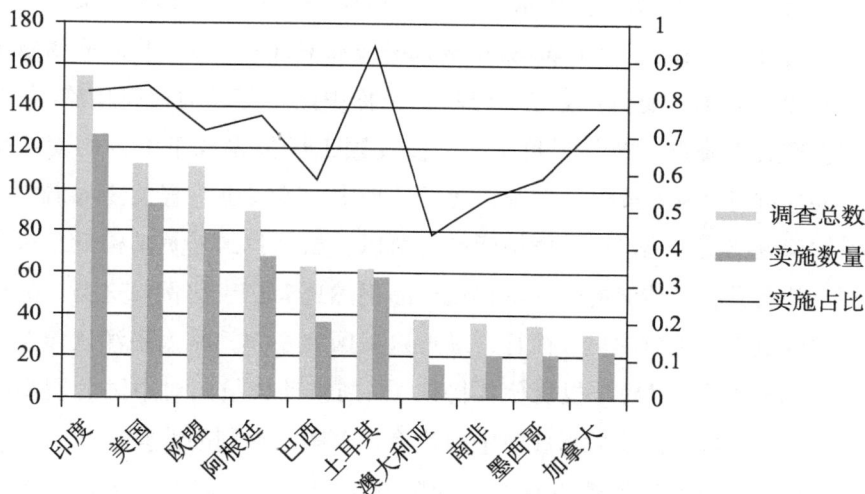

图 7-5　1995—2012 年对中国发起反倾销调查最多的十个国家或地区

数据来源：WTO 反倾销数据库。

（三）技术性贸易壁垒和知识产权保护成为中国产品出口的重大障碍

技术性贸易壁垒越来越成为发展中国家向发达国家出口的限制性壁
垒。[①] 目前，由于我国出口商品大多为劳动密集型产品，受环境与人为因
素影响较大，我国产品出口也正在遭受技术性贸易壁垒的严重影响，比如
陶瓷产品含铅量、皮革 PCP 残留量、烟草中有机氯含量、食品中的农药残
留量、机电产品和玩具的安全性、汽油含铅量与排放标准、保护臭氧层的
受控物质、包装物的可回收性指标、纺织品染料指标等这些技术性质量

---

① 姚亚玲.技术性贸易壁垒对中国出口贸易影响的实证研究.东华大学，2014.

指标使我国出口的农产品、食品、纺织品、建筑材料等都受到不同程度影响。另外，发达国家也开始以知识产权保护为名来限制中国产品的出口。

（四）劳动保护问题可能成为新的贸易壁垒

2004 年 3 月 19 日，美国最大的工会组织——美国劳工联盟及产业工会联合会（The American Federation of Labor and Congress of Industrial Organizations，AFL-CIO；简称：劳联—产联）声称中国的劳动力保障措施不当，造成生产成本降低，产品低价出口，使美国工厂失去成千上万的就业机会，要求进行"301 条款"调查，此后几年中，美国也一直关注与借口劳动保护问题指责中国产品的倾销问题。所以，虽然我国外贸结构近年来有了较大的提升，但传统的劳动密集型产品仍然还有相当比例，这类产品可能将遭遇更多的出口困境。而且，最近以美国为主导的跨太平洋伙伴关系协定①和跨大西洋贸易与投资伙伴协议②谈判推动成员国对中国的贸易孤立，明显具有以经济手段形成对中国政治"合围"遏制的性质。

另外，特殊保障条款也日益成为限制中国产品扩展海外市场的新手段。目前，虽然特保条款只针对产品不区别生产国，但是在有些国家的相关进口产品中，可能绝大多数是中国产品，而且由于我国加入世界贸易组织议定书中有允许成员对中国出口产品采取特殊保障措施的承诺，所以，近年来，部分世界贸易组织成员开始加强特别产品过渡性保障机制的立法工作，以变相遏制中国产品的进口，涉及我国特殊保障案件也自然开始增多。比如加拿大、澳大利亚、韩国、新西兰、印度等国已经制定了对来自

---

① 跨太平洋伙伴关系协定（Trans-Pacific Partnership Agreement，TPP），也被称作"经济北约"，是目前重要的国际多边经济谈判组织，前身是跨太平洋战略经济伙伴关系协定（Trans-Pacific Strategic Economic Partnership Agreement，TPSEP）。是由亚太经济合作组织成员国中的新西兰、新加坡、智利和文莱四国发起，从 2002 年开始酝酿的一组多边关系的自由贸易协定，原名亚太自由贸易区，旨在促进亚太地区的贸易自由化。

② 2013 年 6 月，美欧正式宣布启动"跨大西洋贸易与投资伙伴协议"（Trans-atlantic Trade and Investment Partnership，简称 TTIP）的谈判。其高度自由化、高技术和统一监管标准，对新兴国家造成极大挑战，甚至将中国等金砖国家孤立在外。

中国商品的保障措施法规，这些国内立法不仅大幅度降低了进口商品的立案标准，而且有的只针对中国，所以，特殊保障条款也将成为我国今后贸易摩擦中的新焦点。

第二节　反倾销中国际公允价值认定的现实剖析和理论前瞻

在确定产品是否存在倾销行为时，世界贸易组织《反倾销协议》和各国的反倾销法有如下规定：将两种价格进行比较，将出口国中涉及产品的出口价格与国内市场的销售价格，或者第三方的出口价格，或倾销产品的结构价格以及非市场经济条件下的替代国价格进行比较，若前者的价格不高于后者，则不存在倾销；反之，存在倾销。从倾销的国际定义，我们不难看出，正常价值的确定和比较直接决定着倾销的认定，以及倾销幅度。在国际反倾销中正常价值的实质其实就是会计学中的公允价值。

公允价值（fair value）亦称公允市价、公允价格，是指熟悉情况的买卖双方在公平交易的条件下所确定的价格，或无关联的双方在公平交易的条件下一项资产可以被买卖的成交价格。在国际反倾销中，不同的国家对公允价值的认定方式不同。同时随着贸易全球化进程的不断发展，对公允价值的认定面临的问题和挑战越来越多，前沿的理论也在不断更新、完善。

一、反倾销中国际公允价值认定的现实剖析

（一）美国对公允价值的认定和计算

无论是关税及贸易总协定（General Agreement on Tariffs and Trade，GATT）以及世界贸易组织（World Trade Organization，WTO）关于倾销的定义，还是美国商务部和美国国际贸易委员会的反倾销具体裁定过程，关

于产品"公允价值"的认定是反倾销调查的重要概念和核心要素。美国在世界贸易组织反倾销规则的框架下,对公允价值的确认方法区分为市场经济国家和非市场经济国家。两类确认方法存在较大的差异,而美国针对中国的"非市场经济国家"认定,对中国企业的反倾销应诉提出了较大的挑战。

1. 针对市场经济国家的公允价值认定方法

某一产品的出口价格低于"公允价值"是裁定反倾销行为成立的必要条件,两者之间的差额是确定倾销幅度的依据,同时也是制定反倾销税率的重要依据。

各国关于公允价值的认定基本遵循关税及贸易总协定(GATT)第六条的规定:

如果某一产品的出口价格符合以下条件,则被视为以低于公允价值的价格进入进口国的商业市场:

(1)低于在正常贸易过程中出口国国内消费的可比价格;

(2)当不存在国内可比价格时,则低于在正常贸易过程中出口至第三国的最高可比价格,或者该产品在原产国的生产成本加上合理的销售成本与利润。

根据上述原则,对公允价值的选择由三个价格维度或价格顺序构成:首先,特定产品在出口国的国内可比价格;其次,出口至第三国价格;最后,依据生产国的成本做出的推定价格。上述规定在实施过程中涉及"同类产品"、"可比价格"及"正常贸易过程"等关键要素,也正是由于这几个前提约束条件的存在,使得在反倾销调查中确定公允价值是一个复杂的过程,对于出口国而言往往面临着较多的条款使用限制,造成无法选择有利的公允价值。

美国反倾销对于"同类产品"有较为明确的规定,重点从产品的物理使用性质、生产国、生产商的相同及相似方面进行判定,进而扩大了与反倾销调查中可类比产品的范围。利用"同类产品"这项判定标准,进口国反倾销调查部门可以在具体操作过程中,利用规则判断出口国国内是否存在同类产品，进而决定是否可以采用出口国的国内可比价格。例如，当我国出口国外的电器型号与国内销售相同产品的型号不一致，将可能会被判定我国国内无同类产品，导致无法采用国内可比价格。

"可比价格"和"正常贸易过程"实质上是保证公允价值的选择具有代表性。当在某市场范围的销量较小，或者交易双方存在关联方关系以及存在非市场经济条件下的销售等情况下，市场价格往往不是真实价值的有效体现。因此，美国反倾销法对此做出明确规定，国内价格可作为公允价值的一个必要条件是，产品在国内的销售量不得低于出口至美国销量的5%，同时对关联方交易和非市场经济行为作为规定。在具体执行过程中，美国主要采用"国内市场可靠性检测"（Home Market Viability Test）方法形成对出口国的交易市场的判断。①

虽然出口国价格是美国反倾销调查过程中确定公允价值的首选方法和依据，但是在实际执行过程中往往受到各项条款的限制。当不能使用出口国的国内可比价格时，美国反倾销调查部门可以选择出口至第三国价格或者基于生产成本的推定价格两者中的任意一种。由于在确定出口至第三国价格时同样面临着"同类产品"、"可比价格"以及"正常贸易过程"等限制条件的判断，因此，从反倾销调查的时效性和便捷性角度，美国商务部更倾向于选择基于生产成本的推定价格，即构成价值计算方法。美国《1979年贸易协定法》对构成价值计算方法做出了原则性规定，产品的构成价值=生产成本+合理的管理、销售和一般费用+利润，其中，一般费用不得低于成本的10%，利润不得低于成本加上一般费用的8%。

相对于出口国的国内可比价格而言，后两种正常价值确认方法受人为主观因素的影响较大，美国商务部在在采用这两种方法时拥有加大的裁定空间。

2. 针对非市场经济国家的公允价值认定方法

在上一部分介绍针对市场经济国家的公允价值确认方法时，采用出口

---

①　潘煜双. 反倾销应诉会计理论与实务[M]. 上海：上海财经大学出版社，2007.

国的国内可比价格的一个前提条件是在"正常贸易过程"中发生的交易价格。美国在反倾销法中明确指出,由于非市场经济条件下的产品成本和价格是不可靠的,所以"非市场经济条件下的销售"不属于"正常贸易过程",进而导致不能采用市场经济条件下的出口国的国内可比价格和构成价值。这也是美国针对"非市场经济国家"单独制定公允价值确认方法的主要原因。

美国《1930 年关税法》对非市场经济国家的定义为不按照成本价格的市场运作原则,其在国内的产品销售价格不能合理反映公平价值的国家。对非市场经济国家的认定由美国商务部做出,主要考虑的因素为:货币的自由兑换程度、工资确定的决策权力、外资进入的难易程度、政府对生产资料、产品价格、产量的控制程度等。关税及贸易总协定(GATT)也对非市场经济条件下的销售做出过说明,即当一国政府控制国内市场价格时,选择使用出口国的国内可比价格作为公允价值不太适当。

在非市场经济条件下的反倾销调查中,公允价值的确定采用"替代国价格",后来又发展为"生产要素法"。《1979 年贸易协定法》规定,替代国价格、替代国出口价格或者替代国的结构价格主要采用市场经济第三国或者是进口国的价格,价格确认的依据与市场经济条件下的方法基本相同。《1988 年综合贸易法》将"替代国价格"发展为"生产要素法",依据生产过程所耗费的劳动、原材料、能耗、设备折旧等要素投入数量与替代国价格水平确定生产成本,然后利用与构成价值相似的方法确认该产品的公允价值。由此可见,无论是"替代国价格"还是"生产要素法",市场经济替代国的选择对确认公允价值具有重要的作用。

美国在确定非市场经济国家过程中,无论采用上述的替代国价格、替代国出口销售价格还是替代国的结构价格,都涉及如何选择替代国的问题,这方面存在较大的主观随意性。因此,美国反倾销法对此又做了比较原则的规定:被选作替代国的国家的经济发展水平应该和涉及诉讼产品所属国相当;被选的替代国应存在"可比产品的重要生产者"。值得注意的是,美国反倾销法中规定的替代国的选择可以是一国,也可以是多国,在实践中，被选定来自非市场经济国家涉诉产品的公允价值可能是一个替代国的价格，也可能是多个替代国的平均价格。法律对何时采用一个替代国的价格，何时采用多个替代国的平均价格没有具体规定。

在一般情况下，美国商务部会按照下述标准选择第三国：（1）与出口到美国的产品相比，出口到该国的某种产品或其相似产品比出口到其他国家的上述产品具有更大的相似性，而且美国商务部裁决认为上述产品在该国的销售已达到一定规模；（2）上述产品在该国第三国的销售数量最大，大于在原产地国或美国的销售数量；（3）就市场的组织和发育程度而言，该第一国与美国最为相似。为了根据 1994 年世界贸易组织反倾销《协议》第 6 条第 2 款①的规定确定合适的销售数量，美国商务部可以将多个第三国的销售数量相加。

（二）欧盟对公允价值的认定及确认方法

欧盟公允价值的确定通常采用类比国价格、类比国出口价格、类比国的结构价格、欧盟市场价格。从欧盟反倾销看，所谓的类比国相当于美国的替代国。在具体操作时首先选择某市场经济国家作为类比国，然后将被选的类比国国内市场相同产品的实际价格作为涉诉产品的公允价值。1990年欧共体对中国打火机的反倾销案中，就是先选用泰国作为类比国，然后根据在泰国国内市场打火机销售的价格确定中国出口打火机的公允价值。

类比国出口价格是指在反倾销的处理过程中，将类比国出口其他国家的同类产品的价格确定为涉嫌诉讼产品的公允价值。

类比国的结构价格是指如果认为类比国国内同类产品销售价格不可靠或由于其他原因，则类比国的结构价格就被视为涉诉产品的公允价值。欧盟针对中国发起的反倾销案，近年类比国的方法呈逐渐增加的趋势。

---

① 反倾销协议第 6 条第 2 款：在整个反倾销调查期间，所有利害关系方均有为其利益进行辩护的充分机会。为此，应请求，主管机关应向所有利害关系方提供与具有相反利益的当事方会面的机会，以便陈述对立的观点和提出反驳的论据。提供此类机会必须考虑保护商密和方便有关当事方的需要。任何一方均无必须出席会议的义务，未能出席会议不得对该方的案件产生不利。利害关系方还有权在说明正当理由后口头提出其他信息。

欧盟市场价格是指如果上述三种方法均无法确定涉诉产品的公允价值，则根据该产品在欧盟市场上实际支付或可支付的价格，来确定涉诉产品的公允价值。在1982年立案并于1988年结案的对中国氯化钡一案就是采用这种方法确定的公允价值。

加拿大在反倾销法中对公允价值的定义为，公允价值是指在正常贸易条件下进口产品在其生产国的市场销售价格。如果涉诉产品来自"政府垄断"或"高度垄断"的出口贸易国家，主要采取三种方法确定其公允价值。第一种是选择一个市场经济国家或地区作为替代国，再确定该替代国国内市场同类产品的销售价格；第二种是计算与涉诉产品同类的替代国国内的生产成本，一定数量的管理费用和开支，以及一定数量的利润，再将三者相加就作为公允价值的基础；第三是替代国同类产品向加拿大出口的实际价格。

（三）中国企业公允价值的认定方法

中国企业在国际经贸活动中，一般按照下述情况进行公允价值认定：

（1）如果中国企业能够证明自己符合市场经济条件，其公允价值一般应基于中国的独立企业在公允贸易过程中已支付或者应支付的价格。

（2）如果中国的该出口商不生产或者不销售相似产品，公允价值可以根据其他销售商或者生产商的价格来确定。

（3）如果当事人之间存在着联营关系或者补偿协议，只有当确定了他们相互间的价格不受这些关系的影响时，该价格方可被视为是公允贸易过程中的价格，并可用来确定公允价值。打算在国内销售的相似产品的销售量如果构成考虑向欧盟出口产品销量的5%或5%以上，一般应被用来确定公允价值，也可以使用较低的销售量。

（4）如果其定价在相关市场上被看作具有代表性，可以作为公允价值认定标准。

如果在正常贸易过程中没有或者没有充分的相似产品的销售，或者因为特殊的市场情况，这种销售没有适当的可比性，相似产品的公允价值应当根据原产地国的生产成本加上合理的销售费用、一般费用和管理费用以及合理的利润来计算，或者根据在正常贸易过程中向一个适当的第三国出口的具有代表性的价格来计算。

（5）如果相似产品在出口国的国内市场的销售价格或者向一个第三国出口价格，低于单位成本（固定的和可变的）加上销售费用、一般费用和管理费用，则应加上这些低于平均成本部分，方能构成公允价值。

（6）如果确定了这种销售在一个持续时期内数量巨大、其价格不能在合理的期限内补偿其所有的费用时，这些销售可以不用看成是在正常贸易过程中，并在确定公允价值时不予考虑。

（7）如果销售时低于成本的价格高于调查期间的加权平均成本，这种价格应被视为准备在合理期限内补偿成本。这个持续的时间期限通常应为1年，但决不应少于6个月，并且，如果某个加权平均的销售价格低于加权平均单位成本，或者低于单位成本的销量不少于用来确定公允价值的销售的20%，则低于单位成本的销售应视为这一期限内数量巨大的销售。

（8）如果被调查的当事人所保留的记载符合有关国家普遍接受的会计准则，而且表明这些记载合理地反映了与被审议产品的生产和销售有关的成本，通常应根据这些记录来计算成本。如果成本配置在历史上一直被使用，就应考虑所提交的有关成本适当配置的证据。

（9）如果没有一个更合理的方法，就应在周转基础上给成本配置以优先权。对于那些有益于将来和（或）现在生产的不再发生的成本项目，除非已经反映在成本配置中，应当适当调整成本。

（10）如果部分回收费用期间的成本因使用要求大量追加投资的新生产设备以及因为设备利用率低而受到影响，是发生在调查期或发生在一段调查期间的启动经营的结果，那么启动阶段的平均成本应是按照上述配置规则在该阶段结束时所适用的成本，并应按照这个标准包括到有关时期的加权平均成本中。启动阶段的长短应根据有关的生产商或出口商的情况而确定，但不得超过成本回收阶段中一个适当的初始阶段。

对于调查阶段适用的成本调整以及超过上述阶段的有关启动阶段的信

息，只要它们是在核实视察之前和在开始调查时起 3 个月内提交的，就应考虑以销售额、一般成本和管理成本的数额以及利润额，应以被调查的出口商或生产商的相似产品在正常贸易过程中的生产和销售的实际数据为基础。

当这些数额不能在这种基础上确定时，还可在以下基础上来确定：（1）为接受有关原产地国国内市场上的相似产品的生产和销售的调查其他出口商或生产商确定的实际数额的加权平均；（2）原产地国国内市场上的有关出口商或生产商在正常贸易过程中的一般相同种类产品的生产和销售的实际数额；（3）任何其他合理的方法，如果据此所确定的利润数额不超过在原产地国国内市场上销售一般相同种类的产品的其他出口商或生产商通常实现的利润。

总之，公允价值会计概念所反映的实际上是一种公开市场价格的概念。如果存在这种活跃的公开市场，则一般采用公开市场上的销售价格或要约价格来计算；如果不存在这种活跃的公开市场，或者由于国家控制经济，要素价格不是由市场所决定的，则要采用一个与被调查国经济发展水平相当的、存在活跃的公开市场的国家的价格水平，或者要素价格来计算所谓的"公允价值"。

二、反倾销中国际公允价值认定的理论前瞻

（一）反倾销中国际公允价值的测度问题以及理论前瞻

在反倾销中，国际公允价值的测度直接关系了对某一出口国是否倾销的判断。当前公允价值的计算和测度存在着很多问题，相关的规范也有待完善。主要包括一下几个方面。

1. 现行规范过于原则性并留有空白

从已有的会计准则来看，尚未解决的问题主要包括：非活跃市场条件下企业初始计量金融工具时如何确定其公允价值；后续计量中如何确定不再继续拥有活跃交易市场条件的金融工具的公允价值。

2. 现行规范对特殊问题的考虑明显不足

从现行规范制度来看，并未考虑特殊行业、特殊业务、特殊阶段金融工具相关计量规范的要求，如基金公司金融工具估值、资产管理公司的金融工具估值等。

3. 监管规定有待细化

从已有的监管部门规定来看，对于许多与金融工具计量相关的监管制度需要予以细化，如信息披露要求、计量方法选择等。

4. 未提供关于金融工具估值技术的指南

我国现行会计准则中指出，金融工具不存在活跃市场的，企业应当采用估值技术确定其公允价值。但对于估值技术的使用，仅仅指出估值技术，包括：（1）参考熟悉情况并自愿交易的各方最近进行的市场交易中使用的价格；（2）参照实质上相同的其他金融工具的当前公允价值、现金流量折现法和期权定价模型等，并未提供必要的操作指南。因此，相关部门应当提供估值技术应用的规范，包括估值方法和模型选择应当考虑的因素、方法选择的优先顺序等。①

本书主要针对上述公允价值测度中的监管制度和衍生金融资产处理问题，介绍当前反倾销国际公允价值认定的理论前瞻。

（二）资产处理与穿透式监管

2017 年两会以来，穿透式监管的概念就不断出现在人们的视野之中，实现对公允价值认定中的穿透式监管就成为了当下的新理念、新理论和新方法。在国际反倾销中，实现公允价值的认定，最重要的就是实现对贸易公司资产的监管，引入穿透式监管的理念来处理相关的问题。

穿透式监管是按照"实质重于形式"的原则，透过金融产品的表面形态看清业务实质，"打破'身份'的标签，从业务的本质入手"将资金来源、中间环节与最终投向穿透连接起来，甄别业务性质，根据业务功能和

---

① 于磊，王淑珍，吕新发. 非活跃市场条件下的公允价值计量[J]. 商业会计，2010（4）：18-19.

法律属性明确监管规则。面对近年来，在资产管理市场出现了一些具有典型跨市场、跨行业特征的新业务模式。这些业务模式往往交易结构复杂、交易链条较长、信息不透明，虽然从分行业分阶段角度看，似乎并无明显违规之处且风险可控，但从其资金来源和最终投向来看，则明显突破了市场准入、投资范围、资本约束、杠杆限制、投资者适当性等监管要求，极易引发跨行业、跨市场风险传递。我国出现的系统性风险隐患，基本上都与资产管理业务无序扩张有关。因此，促进资产管理业务健康发展的一个重要方面，就是要转变监管理念，按业务属性确定行为规则和监管主体，强化监管的统筹协调，实施穿透式监管和宏观审慎管理。

资产管理业务穿透式监管的难点有①：

1. 对资产管理业务实施穿透式监管，虽然目前已经达成广泛共识，但仍面临体制机制的挑战

机构监管理念下的分业分段式监管，难以实现对资产管理业务的协调性和整体性监管。资产管理业务往往借助多个通道和复杂嵌套，横跨多个监管部门，掩盖了最终负债方的实际风险。现行监管框架以机构审批设立为原则划分监管范围，带有明显的"地盘意识"。一方面，各监管部门都倾向于做大自己所监管行业的规模，充当行业代言人，弱化了监管者的角色，容易放松对本行业机构的监管标准，即"监管逐低"，导致不同行业对同类业务监管标准不一致；另一方面，监管部门往往把自己监管的机构当作"自己的孩子"，信奉"谁的孩子谁抱"的观念，忽视对非持牌机构从事持牌机构业务的监管，以至于大量非金融企业非法从事金融业务，且在出现风险时倾向于责任推诿，造成"有的孩子没人抱"。对于各类机构的资产管理业务，各监管部门没有动力也缺乏手段穿透分析业务实质和整体风险，更难以及时采取有力措施进行纠正。

2. 金融基础设施的分散式建设和管理，在技术层面上限制了穿透式监管

对资产管理产品的底层资产和最终投资者进行穿透识别，对业务属性和

---

① 荀文均. 穿透式监管与资产管理[J]. 中国金融，2017（8）：17-20.

实质进行穿透认定，以及对其跨行业、跨市场风险进行识别、评估和预警，都需要充分掌握和整合不同行业、不同市场的基础数据。然而，目前的实际状况是，金融基础设施的建设和管理分散，缺乏统筹协调，而且场内与场外、不同金融基础设施之间互联互通不畅，信息登记系统也处于分割状态。资产管理业务统计分散在各行业监管机构，数据收集、信息统计、风险监测等方面没有统一的标准，对最终投资者和底层资产的穿透核查存在较大困难。

3. 对金融控股公司监管缺乏明确的制度安排，对资本关联渠道的风险传染难以实施穿透监控

近年来，越来越多的企业开始借助金融机构资产管理业务获得资金来源，通过新设、并购、参股等方式涉足金融业，有些集团成为多类金融机构及上市公司的实际控制人，机构数量逾百家，股权层级多达四五级，蕴含关联交易、流动性等风险，信息披露不充分，且至今缺乏明确的法律界定，监管主体不明确，规则缺失，信息分散，集团整体和交叉环节存在监管盲点和不协调，穿透监管的难度较大。

在加强资产管理业务穿透式监管时，要认清基本的含义：一是在有多个通道或多层产品嵌套时穿透识别最终投资者是否为"合格投资者"；二是从产品功能和行为性质的角度，穿透识别最终投资标的是否符合投资范围、监管比例及风险计提等监管标准。资产管理产品嵌套多、跨界多、链条长，穿透监管难度较大，在现行金融监管框架下，除统一监管标准、消除监管套利动力外，还需要加强有关制度建设。

第一，加快建立便于穿透式监管的资产管理产品统计监测框架。建议借鉴全球法人机构识别编码①（LEI）经验，研究制定资产管理产品代码唯一的统计标准，统一产品标准、代码、信息分类、数据定义和数据格式，逐一产品统计基本信息、募集信息、资产负债信息和终止信息，实现逐层

---

① 全球法人机构识别编码：国际金融危机后，为构建国际统一的金融监管框架，提高全球范围内系统性金融风险识别能力，金融稳定理事会于2011年7月动议构建全球LEI体系，为参与国际金融交易的机构分配唯一编码以便识别交易对手，加强全球参与金融交易机构的信息管理，并于2012年6月开始着手筹建这一体系。

识别。建立统一的资产管理产品信息登记系统，直接全面收集各金融机构资产管理产品的发行和交易数据，实现资金链的全流程的监测统计。建立科学有效的资产管理业务统计指标体系，同时探索利用人民银行支付系统，监测分析跨行业、跨市场的资金规模和资金流向，测算资产管理产品的杠杆率、收益率和风险程度，实现对资产管理业务的实时穿透和风险在线监测。

第二，穿透确定交叉性资产管理业务的法律属性，明确监管规则和监管部门，落实监管主体责任。按照资产管理产品的性质统一金融机构的行为规则和监管标准，从设定行业底线和最低标准入手，对各类共性问题做出基本规定，最大限度地消除监管套利。按照功能监管与机构监管相结合的原则，明确各类资产管理业务的监管主体、各监管部门在资产管理业务穿透监管中的职责，建立健全问责机制，让监管真正发挥作用。

（三）公允价值测度中对金融衍生资产的处理

反倾销国际公允价值认定中的另一理论前沿就是对金融衍生资产的处理。衍生金融工具是指在基础金融工具交易之上，为减少及转移金融市场风险所派生出来的另一类金融工具。衍生金融工具的交易对象是合约，而不是合约的标的物，但其价值取决于标的资产基础金融工具的市场价格波动。常见的基础金融资产为外汇、利率及证券，相应的衍生金融工具的分类大致为金融期货、金融远期、金融期权和金融互换。随着衍生金融工具的兴起，其复杂性与灵活多变性为传统的会计理论框架带来了极大的挑战。

下面我们以期货、远期合约为例，分析这两类衍生金融工具的交易机理，同时按照会计准则，基于公允价值认定的基本原则，探讨其各自的会计处理。由于企业持有衍生金融工具的目的不仅是套期保值，还存在投机套利。前者是为对冲基础金融工具或者是现货价值波动风险、提前锁定成本而进行的一种价格保证的交易。后者则是基于对未来价值趋势预测，通过低买高卖，单纯为获利而进行的交易。所以在对其进行公允价值认定的时候需要分情况讨论。

1. 期货合约套期保值

我国企业会计准则要求期货合约会计需首先按业务目的对期货业务进行划分。如果满足套期保值项目的标准，期货合约则要按套期保值的方式处理，将期货合约市场价值的变化计入被套期保值项目的价值中，构成被套期保值项目价值的组成内容。通过设置"套期工具"和"被套期项目"账户，核算、记录企业的套期保值项目及被套期保值项目的情况。"套期工具"核算企业开展套期保值业务（包括公允价值套期、现金流量套期和境外经营净投资套期）时，套期工具公允价值变动形成的资产或负债。"被套期项目"则主要反映核算企业开展套期保值业务被套期项目公允价值变动形成的资产或负债。对境外经营净投资、持有至到期投资、可供出售金融资产等使企业面临公允价值或现金流量风险变动的投资项目，均可被指定为被套期项目。值得注意的是，套期必须与具体可辨认并被指定的风险有关，且最终会影响企业的损益。

国际财务报告准则和我国《企业会计准则第 24 号——套期保值》[①] 中将套期保值分为三类：公允价值套期、现金流量套期和境外经营净投资套期。

这里着重讨论公允价值套期的情况，公允价值套期中，套期工具因公允价值变动形成的利得或损失直接计入当期损益。被套期项目因被套期风险形成的利得或损失也应当直接计入当期损益，同时调整被套期项目的账面价值。以摊余成本进行后续计量的金融资产也需按此规定进行会计处理。下面以利率期货为例，展示期货合约套期保值会计的处理。

例1：2016 年 1 月，A 公司持有 B 公司发行的 100 000 元的公司债，并将其划分为可供出售金融资产。2016 年 3 月，A 公司打算在 6 月份将持有的 B 公司债券出售。为了避免债券出售前的利率上升，债券价格下降的风险。A 公司在 4 月 1 日卖出 10 份面值 10 000 元的债券期货合约，总合同价

[①]　企业会计准则：http://kjs.mof.gov.cn/zhuantilanmu/kuaijizhuanzeshishi/200806/t20080618_46224.html.

格 98 500 元。由于 5 月份市场利率的上升，导致该期货合约市价总值在 5 月份下降了 5 000 元，A 公司持有的 B 公司债券债券市值为 96 000 元，价值实际损失了 4 000 元。A 公司于 5 月 31 日买入 10 份期货合同平仓。期货合约初始保证金数额为 3 000 元，每次交易的手续费为 500 元。

分析：该公司在短期内欲出售 B 公司债券，卖出期货合约的目的为抵消利率变动导致的债券价值波动风险。被套期保值项目为 B 公司债券价值，此套期保值为公允价值套期保值。具体会计处理如下：

（1）4 月 1 日 A 公司卖出期货合约建仓。

借：期货交易清算 98 500
    贷：卖出期货合同 98 500
借：被套期项目——可供出售金融资产 100 000
    贷：可供出售金融资产 100 000

（2）4 月 1 日 A 公司交纳初始保证金及交易手续费。

借：期货保证金 3 000
    套期损益——手续费 500
    贷：银行存款 3 500

（3）5 月 1 日 A 公司由于期货交易盈利增加的保证金。

借：期货保证金 5 000
    贷：套期损益 5 000

（4）5 月 31 日 A 公司购入期货合约平仓，并交付交易手续费。

借：购入期货合同 93 500
    贷：期货交易清算 93 500
借：卖出期货合同 98 500
    贷：购入期货合同 95 000
        期货交易清算 5 000
借：套期损益——手续费 500
    贷：银行存款 500

（5）5 月 31 日 A 公司收回保证金 8 000 元（3 000+5 000）。

　借：银行存款　　　　　　　　　　　　　　　　　　　　　8 000

　　　贷：期货保证金　　　　　　　　　　　　　　　　　　　8 000

（6）5月31日A公司调整被套期项目的账面价值。

　借：套期损益　　　　　　　　　　　　　　　　　　　　　4 000

　　　贷：被套期项目——可供出售金融资产　　　　　　　　4 000

　借：可供出售金融资产　　　　　　　　　　　　　　　　96 000

　　　贷：被套期项目——可供出售金融资产　　　　　　　96 000

　　准则中规定，在套期保值列报时，若符合公允价值套期的情况，则"套期工具"、"被套期项目"科目的期末借方余额应列示在资产负债表中的"衍生金融资产"项目，贷方余额应列示在"衍生金融负债"项目，"套期损益"科目的发生额应列示在利润表中的"公允价值变动收益"。

2. 期货合约投机套利

　　我国企业会计准则中规定，若期货合约不能满足套期保值项目的标准，则要按照投机套利会计规定处理。投机套利业务中，期货合约市场价值的变化随保证金的增减变化，计入企业当期损益，进而影响企业当期的综合收益。与套期保值相较，期货合约的投机套利者没有对现货进行相应的交易，没有对冲机制安排。而是仅通过买卖期货合约，利用价格波动赚取预期差异来谋求利润，在市场价格变化期间即应确认期货合约的利得或损失。发生的与期货合约相关的手续费，在发生当期也计入当期损益，影响企业本期利润。由此可见，投机套利的会计处理办法符合其交易实质，能真实、及时地在报表中反映此类型经济活动的运行后果。本书在这部分内容中，以股指期货投机套利业务为例，演示期货合约投机套利的具体会计处理。

　　由以上例题的会计处理不难看出，套期保值项目比投机套利项目会计处理步骤要多。以公允价值套期为例，套期保值会计需多出一项"被套期项目"业务，需记录被套期项目因被套期风险形成的利得或损失而进行的账面调整。且期货合约虽未按照合同名义金额进行现金交易，大多数情况下也没有标的物的交割。但在建仓与平仓时，期货合约会计需按照合同名义价值总额列示此项业务相关的资产与负债。

3. 远期合约套期保值

远期合约是指交易双方约定在未来某一确定时间按确定的价格交割一定数量的标的商品的合约，往往以外汇为标的资产。不同于期货合约，远期合约通常不在交易所内交易，只要双方同意，便可以任意设定日期、交易金额及数量，且远期合约的价值是从合约开始执行之时到当期时刻的价值变化，非每日结算。没有独立第三者参与、执行、强制该衍生品交易的实现。因此，远期合约交易形式灵活、高度面向用户，但存在不履约的风险。与期货合约持有目的类似，远期套期保值者往往通过远期合约金融衍生品来管理风险，回避价格风险或提前锁定成本。在实际业务中，企业往往是通过期汇合约对公司已发生的外币债权、债务进行套期保值，可以抵消汇率变动的风险。投机者则利用远期合约衍生品来下赌注，自行承担资本风险，通过市场价值波动来牟取价差利润。[1] 故对于远期合约会计，准则也要求首先按照衍生金融工具持有目的和具体应用，将远期合约会计分为套期保值会计和投机套利会计。与期货合约处理原则一致，投机套利业务不属于防险会计准则范围，一般的处理要求是将套期保值项目公允价值所致的利得和损失，在发生时即直接计入当期损益。在账户设置上，也需设置"套期工具"、"被套期项目"去核算、记录企业的套期保值项目及被套期保值项目的情况。在这部分内容中，本书将以外汇远期合约为例，简称期汇合约，探析远期合约的具体会计处理方法。

例2：A 公司 12 月初从美国进口 B 公司的一批商品，商品总价 50 000 美元，约定 3 个月后以美元结算货款。交易日人民币对美元的即期汇率为 6.5：1。为了规避汇率波动的风险，A 公司与银行签订了 3 个月以后按 6.55：1 的汇率购买 50 000 美元的期汇合同。当年资产负债表日的即期汇率为 6.6：1，且远期外汇合约的市场价值为 327 500，2 个月美元对欧元的远期汇率为 6.65：1，次年 3 月 1 日的即期汇率为 6.59：1。A 公司的具体

会计处理如下：

（1）A公司12月1日购进商品。

借：库存商品　　　　　　　　　　　　　　325 000

　　贷：应付账款　　　　　　　　　　　　　　325 000

借：应付账款　　　　　　　　　　　　　　325 000

　　贷：被套期项目——应付账款　　　　　　　325 000

因签订的远期外汇合同的公允价值为零（6.5<6.55），故将套期保值仅进行表外登记。

（2）资产负债表日，调整套期保值账面价值，远期外汇合同的公允价值=（6.65-6.55）×50 000/（1+2%×2/12）= 4 983。

借：套期工具——远期外汇合同　　　　　　4 983

　　贷：套期损益　　　　　　　　　　　　　　4 983

被套期项目的公允价值变动=（6.6-6.5）×50 000=5 000

借：财务费用　　　　　　　　　　　　　　5 000

　　贷：被套期项目——应付账款　　　　　　　5 000

结算日远期外汇合同的公允价值=（6.59-6.55）×50 000=2 000，应确认的套期损失为4 983-2 000=2 983，且应付账款账面价值减少（6.6-6.59）×50 000=500。

借：套期损益　　　　　　　　　　　　　　2 983

　　贷：套期工具——远期外汇合同　　　　　　2 983

借：被套期项目——应付账款　　　　　　　500

　　贷：财务费用　　　　　　　　　　　　　　500

（3）A公司按照约定的远期汇率进行支付货款

借：被套期项目——应付账款　　　　　　　327 500

　　贷：银行存款　　　　　　　　　　　　　　329 500

（4）A公司将各套期账户冲平。

借：被套期项目——应付账款　　　　　　　329 500

　　贷：银行存款　　　　　　　　　　　　　　329 500

借：被套期项目——应付账款　　　　　　　　　　2 000

　　套期损益　　　　　　　　　　　　　　　　2000

　　贷：套期工具——远期外汇合同　　　　　　　　2 000

　　　　财务费用　　　　　　　　　　　　　　　2 000

在本例中由于被套期项目是应支付的货币，除了记录套期工具公允价值变动，外币应付业务由于汇率变动而形成的利得或损失，也应记入当期损益。

4. 远期合约投机套利

远期外汇合约投机套利会计适用《企业会计准则第 22 号——金融工具确认和计量》的规定。具体来讲，准则要求其公允价值变动大于零的部分，应计入交易性金融资产，同时确认当期损益。

例 3：A 公司预计在未来阶段美元将贬值，在 2015 年 11 月初便与银行签订远期合同，于 2016 年 4 月以人民币对美元 7：1 的汇率卖出 10 万美元。假定：2015 年 11 月 1 日，人民币对美元即期汇率为 7.2：1。资产负债表日，人民币对美元即期汇率为 6.95：1，2016 年 4 月 1 日，人民币对美元的即期汇率为 6.9：1。

（1）A 公司 2015 年 11 月 1 日，因为远期外汇合约公允价值为 0，不需做会计处理。

（2）A 公司资产负债表日，由于汇率下跌，远期外汇合约公允价值 = (7-6.95)×100 000 = 5 000

借：交易性金融资产　　　　　　　　　　　　　5 000

　　贷：公允价值变动损益　　　　　　　　　　　5 000

（3）A 公司 2016 年 4 月 1 日进行实物交割。

借：银行存款　　　　　　　　　　　　　　　700 000

　　公允价值变动损益　　　　　　　　　　　　5 000

　　贷：银行存款——美元　　　　　　　　　　690 000

　　　　交易性金融资产　　　　　　　　　　　5 000

　　　　投资收益　　　　　　　　　　　　　10 000

　　综上，期货合约会计处理与远期合约会计处理思路大体一致，都需按照业务目的划分套期保值会计和投机套利会计，但具体步骤又有不同。远期合约因其非标准化特点，不需要进行保证金业务处理，也不需先按照合同名义金额确认面向未来的资产或负债，而是结合公允价值会计，将远期合约的理论价值计入账簿。

　　从前文的具体应用中可看出，公允价值计量属性无论是在资产负债表衍生工具会计中还是衍生工具价值变动会计中都得到了极大的应用，符合国际准则以公允价值作为金融工具的基本计量属性的要求，使得合约从订立到履约的过程中，都能够及时反映其价值波动。但高复杂性的衍生金融工具，仅通过表内列报无法全面满足投资者的信息需求。所以准则除了对金融衍生工具要规范会计处理、列报工作，还应加强对衍生金融工具表外披露要求的改善，以更好的提高会计信息的"决策有用性"。

参考文献

［1］李欣悦. 中国经济新常态特征研究［J］. 全国商情·理论研究，2016（30）.

［2］梁艳蓉. 中国遭遇欧美反倾销制裁的原因分析及对策研究［D］. 复旦大学，2007.

［3］韩冰. 新形势下中国应对反倾销问题研究［D］. 中共中央党校，2014.

［4］龚芯. 论美国、欧盟对华反倾销中的正常价值的认定［D］. 中国政法大学，2010.

［5］刘方军. 反倾销过程中正常价值认定问题研究［D］. 吉林大学，2006.

［6］王丽丽. 反倾销法中正常价值认定问题研究［D］. 山西大学，2003.

［7］潘煜双. 反倾销应诉会计理论与实务［M］. 上海：上海财经大学出版社，2007.

［8］潘煜双. 从反倾销调查看"公允价值"的内涵［J］. 会计之友，2005（10）：19-21.

［9］黄学敏. 公允价值：理论内涵与准则运用［J］. 会计研究，2004（6）：17-21.

［10］余瑰. 反倾销正常价值背后的公允价值［J］. 国际商务财会，2006（9）：30-32.

［11］阮方民. 论欧盟反倾销法中正常价值的认定［J］. 欧洲研究，1998（3）：46-55.

［12］牛青. 公允价值应对反倾销的思考［J］. 金融理论与实践，2009（8）：79-84.

［13］于磊，王淑珍，吕新发. 非活跃市场条件下的公允价值计量［J］. 商业会计，2010（4）：18-19.

［14］胡宇新，吴晓灵. 用"穿透式"监管化解资管风险［J］. 中国金融家，2017（3）：52-53.

［15］苟文均. 穿透式监管与资产管理［J］. 中国金融，2017（8）：17-20.

后　记

　　我是一个基层的财政工作者，由于 20 多年前在江西财经学院的求学经历，以及 2004 年借调国家税务总局的工作经历，让我一直对公允价值这种有关公平的概念非常感兴趣。近年又因中国与美欧等经济体关于《中国加入世贸组织议定书》第 15 条解读的争议，使我产生了一个冲动，正常价值与公允价值是否有内在的联系？

　　为此，我大量阅读各种文献，认真比较公允价值认定和正常价值计算过程中的各种原则、流程等的差别。我逐渐发现，反倾销中的"正常价值"其实正是公允价值理念在国际经贸中的应用，因为在公允价值计量下，资产和负债按照在公平交易中，熟悉市场情况的交易双方自愿进行资产交换或者债务清偿的金额计量都必须是公平的。而市场经济地位（Market Economy Status，MES）作为一个经济学上的名词，其实是很容易被人为操纵的一个概念。市场经济地位是反倾销调查确定倾销幅度时使用的一个重要概念。反倾销案发起国如果认定被调查商品的出口国为"市场经济"国家，那么在进行反倾销调查时，就必须根据该产品在生产国的实际成本和价格来计算其正常价格；如果认定被调查商品的出口国为"非市场经济"国家，将引用与出口国经济发展水平大致相当的市场经济国家（即替代国）的成本数据来计算所谓的正常价值，并进而确定倾销幅度，而不使用出口国的原始数据。而在公允价值计量下，资产和负债按照公平交易条款，由熟悉市场情况的交易双方自愿进行资产交换或者债务清偿的金额计量。所以，我国政府在与欧美国家博弈过程中，千万要少提"市场经济地位"这个似是而非的概念，而应本着公允价值理念，要求对方对中国出口产品取消"替代国"做法，尊重中国国内生产要素形成的价格，按照出口国国内市场价值、出口国向第三国出口的价值和结构价格等基本做法，公平确定中国产品的正常价值，减少反倾销等贸易救济措施的滥用情况。

本书紧密结合当前国际贸易的发展状况，以及我国改革开放后的反倾销实践，吸收了近年来国际公允价值研究、正常价值认定、劳动价值论、替代国选择和市场经济地位等方面的新知识、新内容、新体系，系统介绍了公允价值认定和国际反倾销、反规避中的的基本原理、基本政策及关键的业务知识。叙述中既考虑到知识的系统性，又把侧重点放在理论部分，同时附有案例分析，以加深读者对公允价值的理解。

英国哲人培根说："读书使人充实，讨论使人机智，笔记使人准确，读史使人明智，读诗使人灵秀，数学使人周密，科学使人深刻，伦理使人庄重，逻辑修辞使人善辩。凡有所学，皆成性格。"对于聪明人来说，读书真是每日的必修课。但是，对于大部分人来说，一看到理论书、学术书籍就头大头晕了。什么《资本论》、《国富论》、《经济学原理》、《宏观经济学》、《微观经济学》，这些书，数学符号一堆，专业术语过多，真是难以入眼，对某些人来说，这些书对治疗失眠顽症还有奇效。本人历经无数日夜，黑发熬成白丝写出的这本小书，期望读者能从中拓展现代伦理视野，激发潜藏的智慧，提高财商、智商和情商，启发思考，在"安眠效应"之余能获得本该属于自己的精神资产！

在本书的撰写过程中，首先我要感谢我的老朋友——江西财经大学刘振林教授。正是刘振林教授开阔的眼界，让我确定了本书题目；正是刘振林教授诲人不倦的师德，让我可以在繁忙的工作和写作之余得到宝贵的指导；正是他的严谨，让我可以不断完善我的框架。刘振林教授的大师风范，不仅在本书写作中给了我许多帮助，在以后的工作上，更是我学习的榜样。

另外，我要特别感谢我的妻儿，在书稿写作中，默默地站在我的身后，给了我无尽的精神鼓励和大量写作的时间，我从他们身上找到了写作的动力。同时，我要感谢我的父母，感谢他们的无私奉献；感谢兴国县委、县政府各位领导和兴国县财政局的各位同仁，感谢他们在我的著作写作过程中对我的帮助，正是由于他们的帮助，我才能拔冗去繁，得以顺利完成本书。

最后，我还要说，在本书写作中，我参考了大量国内外已有的研究成果，限于篇幅，在参考文献中我只列出了一部分，对于那些还没有列出文献的作者，我在此均表示衷心感谢！

罗观树
2017 年 12 月于兴国县财政局